レッツゴー・サフィー

子どもたちの夢と地域の愛を集めた盲導犬

井上夕香・作

ハート出版

● もくじ

1　ボランティア活動《かつどう》

一九九九年《ねん》。梅《うめ》の花《はな》が咲《さ》きはじめたといっても、まだまださむい二月《がつ》十六日《にち》のことでした。

愛知県豊田市《あいちけんとよたし》にある前山小学校《まえやましょうがっこう》の体育館《たいいくかん》は、七六一人《にん》の児童《じどう》たちの熱気《ねっき》であふれかえるようでした。

児童《じどう》たちの募金活動《ぼきんかつどう》で買《か》った赤《あか》ちゃん犬《いぬ》を、盲導犬《もうどうけん》として育《そだ》ててくれる中部《ちゅうぶ》盲導犬協会《もうどうけんきょうかい》に贈呈《ぞうてい》する記念《きねん》の日《ひ》だからです。

「サフィーにもうすぐ会《あ》えるね！」

「サフィーってどんな子《こ》かな？」

「黒《くろ》い犬《いぬ》かな？」

「白《しろ》いのかな？」

ブリーダーさん（犬《いぬ》を繁殖《はんしょく》している人《ひと》）のところで生《う》まれたサフィーは、贈《ぞう》呈式《ていしき》の日《ひ》の朝《あさ》、初《はじ》めて児童《じどう》たちの前《まえ》に連《つ》れてこられるのです。だれもサフィーがどんな犬《いぬ》だか知《し》りません。

体育館《たいいくかん》には、低学年《ていがくねん》の子《こ》どもたちが描《えが》いたサフィーの絵《え》が、たくさん貼《は》られています。

茶色《ちゃいろ》い犬《いぬ》や、黄色《きいろ》い犬《いぬ》。しっぽの長《なが》い犬《いぬ》や、みじかい犬《いぬ》。

おしりのとがった犬《いぬ》や、ずんぐり犬《いぬ》。

恐竜《きょうりゅう》みたいなへんてこりんなワンちゃんを描《えが》いた子《こ》もいます。

でも、みんなの心《こころ》がこもったサフィーの絵《え》です。

サフィーはよろこんでくれるよね！

児童《じどう》たちは、それぞれの姿勢《しせい》で体育館《たいいくかん》の床《ゆか》にすわって、サフィーが出《で》てくるのを待《ま》っていました。

サフィーは、生《う》まれて二か月《げつ》しかたっていないラブラドール・レトリバーの子犬《こいぬ》です。

前山小学校《まえやましょうがっこう》では、昨年《さくねん》（一九九八年《ねん》）四月《がつ》に、ボランティアクラブ顧問《こもん》の林宗弘先生《はやしむねひろせんせい》の発案《はつあん》で、盲導犬《もうどうけん》を目《め》の見《み》えない人《ひと》たちに贈《おく》るクラブが立《た》ちあげられました。

クラブ員《いん》は四年生《ねんせい》以上《いじょう》の女子《じょし》ばかり、十五人《にん》です。

ボランティアクラブに参加《さんか》した児童《じどう》たちが、いちばんおどろいたことは、盲《もう》導犬候補《どうけんこうほ》となるラブラドール・レトリバーの子犬《こいぬ》の値段《ねだん》です。

なんと、赤《あか》ちゃん盲導犬《もうどうけん》は、一頭《とう》、十五万円《まんえん》もするのです。

「えっ、そんなに高《たか》いの？」

前山小学校《まえやましょうがっこう》ボランティアクラブのみんなと、顧問《こもん》の 林《はやし》 宗弘《むねひろ》先生《せんせい》。

（子犬《こいぬ》をだいているのは中部盲導犬 協 会《ちゅうぶもうどうけんきょうかい》の職員《しょくいん》さん）

林 先生《はやしせんせい》のあだ名《な》は２つあります。

「キンパチ先生《せんせい》」と「○○先生《せんせい》」（答《こた》えは16ページに）

「むりむり、十五万円《まんえん》なんて集《あつ》められないよ」

「ほんと、十五人《にん》がいくらがんばっても、そんな大金《たいきん》あつめられないよ」

「じゃ、どうすればいい？」

みんなで頭《あたま》をよせあって考《かんが》えたすえ、クラブ員《いん》のひとりひとりが、全校児童《ぜんこうじどう》によびかけて、盲導犬《もうどうけん》の子犬《こいぬ》を買《か》うための募金活動《ぼきんかつどう》に協力《きょうりょく》してもらうことになりました。

といっても、こうなるまでのなりゆきも、なかなかたいへんなものでした。

クラブの活動《かつどう》は、まず、手話《しゅわ》や指文字学習《ゆびもじがくしゅう》からはじまりました。

そのうちに、盲導犬協会《もうどうけんきょうかい》を訪《たず》ねたり、目《め》の不自由《ふじゆう》な人《ひと》たちとおつきあいするようになりました。

「お便《たよ》りテープ」に、学校《がっこう》の活動《かつどう》や、身近《みぢか》なニュースを自分《じぶん》たちの声《こえ》で録音《ろくおん》して、視覚《しかく》に障害《しょうがい》のあるみなさんにとどけて、よろこばれました。

そして、活動《かつどう》をつうじて、目《め》の不自由《ふじゆう》な方《かた》たちが「どんなに盲導犬《もうどうけん》を必要《ひつよう》としているか」、それなのに「盲導犬《もうどうけん》の数《かず》がとっても少《すく》ない」ということを知《し》っていったのです。

ボランティアクラブをつくった林宗弘《はやしむねひろ》先生《せんせい》は、去年《きょねん》、前山小学校《まえやましょうがっこう》に転勤《てんきん》してきたばかりでしたが、前《まえ》に勤《つと》めていた井上小学校《いのうえしょうがっこう》でも、盲導犬《もうどうけん》になる子犬《こいぬ》を贈《おく》るボランティア活動《かつどう》を、児童《じどう》といっしょにつづけてきました。

林先生《はやしせんせい》は「机《つくえ》の上《うえ》での勉強《べんきょう》も大切《たいせつ》だけれど、体《からだ》の不自由《ふじゆう》な方《かた》たちの生活《せいかつ》を知《し》り、ボランティア活動《かつどう》というかたちで〝福祉《ふくし》〟について考《かんが》えていくことは、子《こ》どもたちにとって、何《なに》よりすばらしいプレゼントだ！」と、かねがね考《かんが》えてきたのです。

下準備《したじゅんび》がととのって、じっさいに募金活動《ぼきんかつどう》がはじまったのは、七月《がつ》でした。

ラブちゃんという募金箱《ぼきんばこ》を中部盲導犬協会《ちゅうぶもうどうけんきょうかい》からあずかってきて、校区《こうく》の商店《しょうてん》や病院《びょういん》などに置《お》かせてもらいました。

四年生《ねんせい》の下中美香《しもなかみか》さんの担当《たんとう》は、あづま産婦人科病院《さんふじんかびょういん》でした。

「すみませーん！　ラブちゃん募金箱《ぼきんばこ》をおかせてください」

「はいはい、いいですよ。募金《ぼきん》いっぱい集《あつ》まるといいね」

看護師《かんごし》さんもニコニコしています。

募金《ぼきん》を集《あつ》めにいく係《かかり》は、ふつうは六年生《ねんせい》です。

でも、美香《みか》ちゃんもときどき行《い》かせてもらいました。

「いくら入《はい》ってるか楽《たの》しみだなあ！」

お金《かね》はたくさん入《はい》っているときもあれば、少《すく》ないときもあります。

いくらゆすぶっても、ほんの少《すこ》ししか入《はい》っていないときもあります。そんなときには院長先生《いんちょうせんせい》が、

「よーし。では、わたしが協力《きょうりょく》しよう！」

といって、一気《いっき》にたくさんのお金《かね》を入《い》れてくれます。

「わあ、院長先生《いんちょうせんせい》、ありがとうございます」

自分《じぶん》のことのように胸《むね》がわくわくしてきます。

五年生《ねんせい》の中村紗弥《なかむらさや》さんは、お盆祭《ぼんまつ》りのときに、家《いえ》で使《つか》っていないものをさがしだしてガレージセールをやりました。

「えっ、盲導犬《もうどうけん》を贈《おく》るための募金《ぼきん》にするの？」

目的《もくてき》を知《し》った近所《きんじょ》の人《ひと》たちは、よろこんで買《か》いとってくれます。

六年生《ねんせい》の川上愛可《かわかみあいか》さんの持《も》ち場《ば》は、サークルK《ケー》というコンビニです。

でも、そこだけでは募金《ぼきん》が多《おお》く集《あつ》まらないので、友《とも》だちをさそって、登下校《とうげこう》時《じ》や、父母参観《ふぼさんかん》の日《ひ》に靴箱《くつばこ》のそばに立《た》って、声《こえ》をはりあげました。

「おこづかいを寄付《きふ》してくださーい！　おねがいしまーす」

でも、いくらふんばってさけんでも、

「なんだ、うっせえんだよ！　自分《じぶん》のこづかい出《だ》せばいいだろ」

と、いばってとおりすぎる男《おとこ》の子《こ》もいます。

放課後《ほうかご》、クラブ員《いん》が集《あつ》まって、集金《しゅうきん》の状態《じょうたい》を調《しら》べます。

十二月《がつ》をすぎても募金《ぼきん》は、十五万円《まんえん》には、とうてい届《とど》かない金額《きんがく》でした。

「こんな調子《ちょうし》では、盲導犬《もうどうけん》の赤《あか》ちゃんを贈呈《ぞうてい》するなんて、できないぞ」

そう思《おも》った林先生《はやしせんせい》のアイディアで、今年《ことし》の一月《がつ》に、全校児童《ぜんこうじどう》が心《こころ》をひとつにして、三日間《みっかかん》の徹底的《てっていてき》募金活動《ぼきんかつどう》を行《おこ》ないました。

学校内《がっこうない》はもちろん、豊南交流館《ほうなんこうりゅうかん》、商店街《しょうてんがい》、公園《こうえん》ほか、町《まち》じゅうのいたるところに、子《こ》どもたちの元気《げんき》な声《こえ》がひびきわたりました。

「目《め》の不自由《ふじゆう》な方《かた》たちに、盲導犬《もうどうけん》を贈《おく》りましょう！」

「盲導犬《もうどうけん》を寄付《きふ》するための募金《ぼきん》、おねがいしまーす」

「募金《ぼきん》、お願《ねが》いしま〜す」

集《あつ》まっているのは、お金《かね》というより 心《こころ》 だよね。

「おねがいしまーす！」

クラブ員《いん》たちの熱心《ねっしん》なよびかけに、町《まち》の人《ひと》たちも心《こころ》を動《うご》かされたのでしょう。

「感心《かんしん》だね」

「がんばってね」

と、次々《つぎつぎ》に募金《ぼきん》に協力《きょうりょく》してくれました。

そのおかけで、トントン拍子《びょうし》に寄付金《きふきん》がふえて、一頭《とう》十五万円《まんえん》もする盲導犬《もうどうけん》候補《こうほ》のチビッコ犬《いぬ》を、名古屋市港区《なごやしみなとく》にある「中部盲導犬協会《ちゅうぶもうどうけんきょうかい》」に贈《おく》る贈呈式《ぞうていしき》をむかえることができたのです。

2 サフィーがくるよ！

贈呈式《ぞうていしき》の時間《じかん》がせまってきました。ボランティアクラブの児童《じどう》たちは、とびまわっています。

「会場《かいじょう》のじゅんび、オッケーかな？」

「あっ、来賓席《らいひんせき》のイスがたりないよ」

「じゃ、早《はや》いとこもってきてよ、時間《じかん》ないから」

「ミカ。ポスターずれてるよ。なおさなきゃ！」

「ひとりじゃむりだよ。手《て》つだってよ」

みんなで、ひょろひょろしながら踏《ふ》み台《だい》にのって「サフィーを贈《おく》る会《かい》」と横《よこ》書《が》きした大《おお》きな手書《てが》きのポスターをなおしました。

一年下《ねんした》のサッちゃんが、どたどた走《はし》って愛可《あいか》ちゃんのそばにきました。

「せんぱい！　サフィーの歌《うた》って、全員《ぜんいん》で歌《うた》うんだよね」

「そうだよサチ。でもわたしたちはクラブ員《いん》なんだから、みんなをリードして歌《うた》わないと……」

「そう。でも、わたし、ちょっと質問《しつもん》あんの」

「なに？」

「サフィー、自分《じぶん》の歌《うた》だってわからないと思《おも》うよ」

「なんで？　わかるに決《き》まってるよ。サフィー！　サフィーってなんどもくりかえすんだもん」

「けど、サフィーは、自分《じぶん》の名前《なまえ》がサフィーってこと、まだ知《し》らないんだよ」

「そ、そんなあ！　へんなこといわないでよ、キャー、カバ先生《せんせい》が来《く》るう！」

冬《ふゆ》だというのに、汗《あせ》をふきふき現《あら》われたのは、顔《かお》も体《からだ》もでかいので、カバ先《せん》生《せい》とかムーミンとか、かげでいわれている林宗弘先生《はやしむねひろせんせい》です。

若《わか》いころは、世良公則《せらまさのり》（ロックミュージシャン）、時任三郎《ときとうさぶろう》（俳優《はいゆう》）、秋山幸《あきやまこう》二《じ》（プロ野球選手《やきゅうせんしゅ》）ともいわれていたそうですが、今《いま》はなぜか「カバ先生《せんせい》」。またのあだ名《な》は「キンパチ先生《せんせい》」です。

「おーい、きみたち、なに、もめてるんだ？　それよりミカ、このマイクそこに置《お》いて。エリナ、作文読《さくぶんよ》むときに『盲導犬《もうどうけん》を待《ま》っている目《め》の不自由《ふじゆう》な方《かた》たちが日本全国《にほんぜんこく》に六千人《せんにん》もいる。それに対《たい》して、盲導犬《もうどうけん》はたったの八三〇頭《とう》だ（＊）。絶対的《ぜったいてき》な犬不足《いぬぶそく》がつづいている』ってこともつけくわえるんだぞ。あ、ユカちゃん、そのテーブル、ほこりだらけだ。ぞうきん持《も》ってきて拭《ふ》いてくれるかい？じゃ、先生《せんせい》ちょっと校長先生《こうちょうせんせい》に相談《そうだん》あるからいってくる。頼《たの》んだぞ」

「はい、先生《せんせい》」

林先生《はやしせんせい》は、ばたばたと足《あし》をふみ鳴《な》らして、ドアの向《む》こうに消《き》えました。

山田沙織《やまださおり》さんと、下中美香《しもなかみか》さんは、舞台《ぶたい》のかげで胸《むね》をドキドキさせていました。

きょうの晴《は》れの日《ひ》、ふたりで、ボランティアクラブで行《おこ》なった募金活動《ぼきんかつどう》につ

（＊）1998年3月時点の数。2008年3月時では7800人と約1000頭

いての作文《さくぶん》を発表《はっぴょう》することになっていたからです。

作文《さくぶん》には自信《じしん》たっぷりのふたりでしたが、こんなに大勢《おおぜい》の前《まえ》で、自分《じぶん》の作文《さくぶん》を発表《はっぴょう》するのは初《はじ》めてです。

準備《じゅんび》のととのった贈呈式《ぞうていしき》の会場《かいじょう》には、校長先生《こうちょうせんせい》はじめ各先生方《かくせんせいがた》、全校児童《ぜんこうじどう》がずらりと並《なら》んでいます。

サフィーの贈呈先《ぞうていさき》である中部盲導犬協会所長《ちゅうぶもうどうけんきょうかいしょちょう》の河西光《かわにしひかる》さん。豊田市《とよたし》の社会《しゃかい》福祉協議会《ふくしきょうぎかい》の方《かた》。目《め》の不自由《ふじゆう》な松本武彦《まつもとたけひこ》さん。それにくわえて、募金活動《ぼきんかつどう》で特別《とくべつ》お世話《せわ》になった、町内《ちょうない》の商店街《しょうてんがい》の方《かた》たちも、今《いま》か今《いま》かとサフィーの入場《にゅうじょう》を待《ま》ちのぞんでいるのです。

新聞記者《しんぶんきしゃ》や雑誌記者《ざっしきしゃ》、カメラマンも、きょうの贈呈式《ぞうていしき》の取材《しゅざい》をしたいと、かけつけました。

六年生《ねんせい》の清水彩香《しみずあやか》さんと五年生《ねんせい》の菅沼聡美《すがぬまさとみ》さんは、みんなが『レッツゴー・

「サフィーを贈《おく》る会《かい》」体育館《たいいくかん》はみんなの熱気《ねっき》でいっぱいです。

ボランティアクラブ員《いん》は、大《おお》いそがし。

サフィー』の歌《うた》をうまく歌《うた》えるかな？　と、心配《しんぱい》でした。

なぜって『レッツゴー・サフィー』の作詞者《さくししゃ》は、聡美《さとみ》さんでした。

そして、音楽《おんがく》の伊藤先生《いとうせんせい》が作曲《さっきょく》したサフィーの曲《きょく》を、きょうのデモンストレーション用《よう》に編曲《へんきょく》したのが、彩香《あやか》さんだったからです。

サフィーという名前《なまえ》は、全校児童《ぜんこうじどう》から募集《ぼしゅう》されたものから選《えら》ばれました。

選《えら》んだ名前《なまえ》を、赤《あか》ちゃん犬《いぬ》をさがしてくれる中部盲導犬協会《ちゅうぶもうどうけんきょうかい》に連絡《れんらく》して「これでいいですか？」たずねてみます。

同《おな》じ名前《なまえ》があったり、おす犬《いぬ》なのに花子《はなこ》さんなんて名前《なまえ》がつけられたら、こまります。

作詞《さくし》についても同《おな》じです。

みんなから詩《し》を募集《ぼしゅう》して、クラブ員《いん》で検討《けんとう》します。どこもかしこも満点《まんてん》という詩《し》はなかなかできませんから、みんなで意見《いけん》をだしあって少《すこ》しずつ言葉《ことば》を変《か》えることもあります。

最後《さいご》にのこったものが、きょう歌《うた》われる『レッツゴー・サフィー』の歌《うた》なのです。


彩香《あやか》さんたちと同《おな》じように、いえ、もっとドキドキハラハラしていたのが、会場《かいじょう》のピアノの前《まえ》で、譜面《ふめん》とにらめっこしている愛可《あいか》さんです。

『レッツゴー・サフィー』のメロディーは、もちろん暗譜《あんぷ》していましたが、サフィーの入場《にゅうじょう》にあわせてみんなで歌《うた》う歌《うた》の伴奏《ばんそう》です。

いくらおちゃめで気《き》がでっかい愛可《あいか》さんでも、緊張《きんちょう》してしまいます。

おまけに、編曲者《へんきょくしゃ》の彩香《あやか》さんは、愛可《あいか》さんがクラスで仲《なか》よくしている女《おんな》の子《こ》なんです。

音楽《おんがく》がとくいな彩香《あやか》さんは、よく休《やす》み時間《じかん》に、自分《じぶん》で作詞《さくし》作曲《さっきょく》した歌《うた》を、クラスのみんなに歌《うた》ってきかせちゃうという、すごいキャラなんです。

「うまくひかないと、ヤバイんだよね！」

愛可《あいか》さんは、かわいい首《くび》をちょこんとすくめました。


さて、もうひとり、サフィーの登場《とうじょう》を今《いま》か今《いま》かと待《ま》ってる小《ちい》さな女《おんな》の子《こ》がいました。

サフィーの名《な》づけ親《おや》の一年生《ねんせい》、坂本佳織《さかもとかおり》ちゃんです。

サフィーは、スワヒリ語《ご》で「美《うつく》しい」という意味《いみ》です。スワヒリ語《ご》はアフリカ東部《とうぶ》の国々《くにぐに》で使《つか》われている言葉《ことば》です。

佳織《かおり》ちゃんのお父《とう》さんは、若《わか》いころＪＩＣＡ《ジャイカ》（国際協力機構《こくさいきょうりょくきこう》）の青年海外《せいねんかいがい》協力隊《きょうりょくたい》の隊員《たいいん》としてアフリカのタンザニアで暮《く》らしていたことがあります。

そのときに知《し》ったのが「サフィー」という言葉《ことば》です。

子犬《こいぬ》の名前《なまえ》の募集《ぼしゅう》を知《し》ったとき、佳織《かおり》ちゃんの家《いえ》では一家全員《いっかぜんいん》で、よい名前《なまえ》はないものかと夜《よる》おそくまで考《かんが》えました。

「全校児童《ぜんこうじどう》で力《ちから》をあわせて募金活動《ぼきんかつどう》をして買《か》った子犬《こいぬ》だもん。いい名前《なまえ》つけなきゃ！」

「そうだね。前山小学校《まえやましょうがっこう》から贈《おく》る、第一号《だいごう》の盲導犬候補《もうどうけんこうほ》の子犬《こいぬ》なんだね。それにふさわしい名前《なまえ》を考《かんが》えたいね」

お父《とう》さんの胸《むね》のなかで、アフリカにいたころ現地《げんち》の人《ひと》たちのために行《おこ》なったボランティア活動《かつどう》と、前山小学校《まえやましょうがっこう》の児童《じどう》たちが今《いま》がんばっている、盲導犬《もうどうけん》を目《め》の不自由《ふじゆう》な人《ひと》に贈《おく》るためのボランティア活動《かつどう》がかさなりました。

「カオちゃん、その子犬《こいぬ》、どんな種類《しゅるい》のワンちゃんか知《し》ってるかい？」

「たしか、ラブラなんとかだよ、お父《とう》さん」

紅茶《こうちゃ》をいれていたお母《かあ》さんが笑《わら》いました。

「なんとかって、それ、ラブラドール・レトリバーでしょ。毛《け》がつやつやしていて、とっても頭《あたま》のいいワンちゃんなのよ」

「そうか……、じゃあ、スワヒリ語《ご》の名前《なまえ》もいいんじゃないか」

お父《とう》さんは、スワヒリ語《ご》の名前《なまえ》をいくつかあげました。そのなかにサフィーという名前《なまえ》があったのです。

「サフィー……。すてきなひびきね。ボランティア活動《かつどう》そのものも美《うつく》しいし。どう？　カオちゃん」

お母《かあ》さんが聞《き》くと、

「それがいい！　あたし、サフィーにきーめたっと！」

ねむそうだった佳織《かおり》ちゃんの目《め》が、ぱちっとひらきました。

こうして考《かんが》えられたサフィーという名前《なまえ》が、児童全員《じどうぜんいん》によびかけて集《あつ》まったたくさんの名前《なまえ》のなかから、ボランティア盲導犬《もうどうけん》第《だい》一号《ごう》の犬《いぬ》の名前《なまえ》として選《えら》ばれたのです。

では、かんじんかなめの、きょうの主人公《しゅじんこう》、サフィーのようすはどんなだったでしょう？

生《う》まれて二か月《げつ》のチビッコ犬《いぬ》は、六年生《ねんせい》の鈴木奈津子《すずきなつこ》さんの腕《うで》のなかで、ぶるぶるとふるえていました。

むりもありません。サフィーは、きのうまで、母《かあ》さん犬《いぬ》のそばで兄弟《きょうだい》といっしょに暮《く》らしていたのです。

サフィーは女《おんな》の子《こ》でしたが、けっこうおてんばでした。兄《にい》ちゃんたちところげまわったり、おっぱいのとりあいをしたりして勝《か》ったり負《ま》けたりして遊《あそ》んでいたのです。

それが急《きゅう》に、ひとりぼっちにされて、がやがやとやかましい小学校《しょうがっこう》の体育館《たいいくかん》に連《つ》れてこられたのです。

サフィーの胸《むね》は、不安《ふあん》でいっぱいでした。

（こわいよー……、これからなにがおこるの？）

動物《どうぶつ》がすきな奈津子《なつこ》さんには、そんなサフィーの気持《きも》ちがよくわかりました。

「サフィー、だいじょうぶよ。しんぱいしないでね」

奈津子《なつこ》さんは、サフィーをやさしくなでました。

でも、サフィーのふるえはとまりません。

涙《なみだ》でうるんだ大《おお》きな瞳《ひとみ》が、たすけて！　というように奈津子《なつこ》さんをみつめています。

奈津子《なつこ》さんは、小《ちい》さな声《こえ》でサフィーに話《はな》しかけました。

「ごめんね、サフィー。盲導犬《もうどうけん》になるって、たいへんなことだと思《おも》うよ。つらい勉強《べんきょう》もあるかもしれない。でも、目《め》の不自由《ふじゆう》な人《ひと》のために、りっぱな盲導犬《もうどうけん》になってほしいの……」

3 初《はじ》めてはアイリー

そんなようすを、かげから見守《みまも》っている人《ひと》がありました。学校一《がっこういち》の熱血漢《ねっけつかん》、カバ先生《せんせい》。そうです、林宗弘先生《はやしむねひろせんせい》です。

林先生《はやしせんせい》は、井上小学校《いのうえしょうがっこう》で、アイリーと名《な》づけた子犬《こいぬ》を、初《はじ》めて中部盲導犬《ちゅうぶもうどうけん》協会《きょうかい》に贈《おく》ったときのことを思《おも》い出《だ》していました。

アイリーの場合《ばあい》も、サフィーと同《おな》じように、児童《じどう》によびかけて名前《なまえ》をつけ、歌《うた》もつくったのです。アイは目《め》、リーは、名《な》づけ親《おや》の子《こ》が飼《か》っていた犬《いぬ》の名前《なまえ》からとりました。

林先生《はやしせんせい》が井上小学校《いのうえしょうがっこう》にボランティア活動《かつどう》を立《た》ちあげてから、たくさんの子《こ》犬《いぬ》が学校《がっこう》から贈《おく》られていきました。

最初《さいしょ》はアイリー。次《つぎ》の年《とし》からは二頭《とう》になって、クレールとルース。フェイとサニー。ステラとスカイ。

井上小学校《いのうえしょうがっこう》は「盲導犬《もうどうけん》の学校《がっこう》」として有名《ゆうめい》になっていきました。

アイリーの贈呈式《ぞうていしき》の場合《ばあい》は、井上小学校《いのうえしょうがっこう》がはじめて寄付《きふ》する犬《いぬ》でしたから、クラブ員《いん》はどうやってアイリーを会場《かいじょう》に入場《にゅうじょう》させるか、たいへんなさわぎでした。

今《いま》から考《かんが》えるとふきだしてしまいそうな〝迷案《めいあん》〟もあったのです。

先生《せんせい》が意見《いけん》をつのると手《て》がいっぱいあがります。

「はーい、はーい！」

「はい。康弘《やすひろ》くん」

「盲導犬《もうどうけん》の学校《がっこう》」として知《し》られるようになった井上小学校《いのうえしょうがっこう》。

2年目《ねんめ》に贈《おく》った「クレールとルース」の贈呈式《ぞうていしき》。

「サーチライトで照《て》らす！」

「だめよ、そんなの、犬《いぬ》がまぶしいよ」

有希子《ゆきこ》ちゃんが、ぱっとふりむいて、康弘《やすひろ》くんをにらみつけました。

「先生《せんせい》、はーい！」

「じゃあ、徹《とおる》くん」

「アイリーを、でかい風船《ふうせん》にぶらさげる」

「却下《きゃっか》！　ほかにだれか？」

「はい。じゃあ、順《じゅん》さん」

「給食《きゅうしょく》の大《おお》きいワゴンに乗《の》って入場《にゅうじょう》するのはどうでしょう？」

「うーん、それいいかも。みなさんどうですか？」

「さんせーい！」

「けっこう目立《めだ》つからみんなよろこぶよね」

「じゃ〝ワゴン車入場《しゃにゅうじょう》〟にきめるか！」と、林先生《はやしせんせい》。

「犬《いぬ》のおまわりさんの曲《きょく》にあわせてワゴンを進《すす》めるといいと思《おも》います」

みんなうきうきとした気分《きぶん》です。

盲導犬《もうどうけん》を買《か》うために寄付《きふ》をお願《ねが》いしたり、一円玉《えんだま》や空《あ》き缶《かん》なども集《あつ》めて活動《かつどう》をつづけてきたＪＲＣ《ジェイアールシー》（青少年赤十字《せいしょうねんせきじゅうじ》）委員会《いいんかい》の児童《じどう》たちにとって、関係者《かんけいしゃ》のみなさんに、子犬《こいぬ》を紹介《しょうかい》する贈呈式《ぞうていしき》は、なによりも大切《たいせつ》な、そして、とってもうれしい晴《は》れの日《ひ》なのです。

けっきょくその日《ひ》は、いいだしっぺの田渕順《たぶちじゅん》さんが、アイリーをだっこして、でかい給食用《きゅうしょくよう》のワゴンによじ登《のぼ》りました。

アイリーは、井上小学校《いのうえしょうがっこう》で行《おこ》なわれた募金活動第《ぼきんかつどうだい》一号《ごう》の盲導犬《もうどうけん》になる赤《あか》ちゃん犬《いぬ》です。みんなうれしくておおはしゃぎです。

給食《きゅうしょく》ワゴンの上《うえ》のアイリーが見《み》えたとたん、

「ア・イ・リー！」

全校児童《ぜんこうじどう》が声援《せいえん》をおくりました。

「もっと大《おお》きい声《こえ》で！　それ、アー・イ・リー！」

林先生《はやしせんせい》も、調子《ちょうし》にのってすごい大声《おおごえ》をだしました。

でもそのとき、林先生《はやしせんせい》は、順《じゅん》さんが困《こま》ったような顔《かお》をして、アイリーを見《み》つめていることに気《き》がつきました。

順《じゅん》さんの腕《うで》のなかで、アイリーは、おびえた目《め》をして、ぶるぶるふるえていたのです。

林先生《はやしせんせい》は思《おも》いました。

「ぼくたちは、アイリーをよろこばそうと、せいいっぱい歓迎《かんげい》してるつもりだけれど、かわいそうに、子犬《こいぬ》はこわくてふるえている……」

4 レッツゴー・サフィー

赤《あか》ちゃん犬《いぬ》には、自分《じぶん》がなんのために、大勢《おおぜい》の子《こ》どもたちがさわぐ会場《かいじょう》に連《つ》れてこられたのかわかりません。

ましてや、自分《じぶん》が盲導犬《もうどうけん》の候補《こうほ》にされて、きびしい訓練《くんれん》ののち、目《め》の不自由《ふじゆう》な人《ひと》のために奉仕活動《ほうしかつどう》をすることになるなど、想像《そうぞう》さえできないでしょう。

どんな動物《どうぶつ》であっても、自由《じゆう》をすてて、ほかのもののために奉仕《ほうし》を強《し》いられる生活《せいかつ》なんていやだと思《おも》います。

きっと犬《いぬ》は、元気《げんき》に野山《のやま》をかけまわったり、仲間《なかま》といっしょに暮《く》らしたいでしょう。

あるいは、飼《か》い主《ぬし》さんのペットとして「三食《しょく》、昼寝《ひるね》、散歩《さんぽ》つき」でカワイコ

〝犬生《けんせい》〟を楽《たの》しむのもいいかもしれません。

でも、世界中《せかいじゅう》をみわたすと、そんな動物《どうぶつ》はとても少《すく》なくて、多《おお》くの動物《どうぶつ》が、人間《にんげん》のために働《はたら》いてくれています。

盲導犬《もうどうけん》の暮《く》らしも、そのなかの最《さい》たるもののひとつでしょう。

しかも、盲導犬《もうどうけん》は、目《め》の見《み》えない人《ひと》の目《め》となり、飼《か》い主《ぬし》を心《こころ》から思《おも》いやり、導《みちび》き、生命《せいめい》の危険《きけん》から守《まも》る尊《とうと》い任務《にんむ》を、自分《じぶん》からすすんでやってくれるのです。

盲導犬《もうどうけん》は、幼《おさな》いときからその目的《もくてき》のために育《そだ》てられ、人《ひと》と一体《いったい》となって訓練《くんれん》を受《う》け、犬《いぬ》でありながら人間《にんげん》よりもすばらしい行動《こうどう》で、目《め》の見《み》えない人《ひと》の片腕《かたうで》となって生活《せいかつ》をともにするのです。

その盲導犬《もうどうけん》のはじめの一歩《ぽ》が、子犬《こいぬ》にとっては不安《ふあん》でいっぱいな、きょうの贈呈式《ぞうていしき》なのかもしれません。

さあ、そうこうしているうちに、いよいよサフィーが、前山小学校《まえやましょうがっこう》の体育館《たいいくかん》に入場《にゅうじょう》する時刻《じこく》がせまってきました。

アイリーのときの教訓《きょうくん》を生《い》かして、サフィーを給食《きゅうしょく》ワゴンに乗《の》せたり、はでな演出《えんしゅつ》をすることは以後《いご》とりやめになっています。

奈津子《なつこ》さんは、サフィーに、

「こわくないよ。ほらね！」

と、なんどもやさしく話《はな》しかけました。

「さあ、いくよ！」

奈津子《なつこ》さんは、サフィーを抱《だ》いて静《しず》かに足《あし》をすすめました。

児童《じどう》たちから「わあっ」と歓声《かんせい》があがります。

「かわいい！」

「ぬいぐるみみたい！」

拍手《はくしゅ》の音《おと》がパチパチとひびきます。
やがて愛可《あいか》さんのピアノが鳴《な》りはじめました。
児童《じどう》たちは元気《げんき》いっぱい『レッツゴー・サフィー』の歌《うた》をうたいました。

『レッツゴー・サフィー』

♪　きみが　おしえてくれた　やさしさを
いま　たいせつに　おもうんだ
わすれないよ　つないだ　手《て》
わすれないで　ゆめみる　こころ
レッツゴー・サフィー　レッツゴー・サフィー
かがやく　みらいへ　すすむんだ

だっこされたサフィーは、ちょっと不安《ふあん》げ？

きみが　ハーネスつけて　あるく日《ひ》を
ずっと　こころに　えがくんだ
なくさないよ　この　えがお
なくさないで　つぶらな　ひとみ
レッツゴー・サフィー　レッツゴー・サフィー
かがやく　みらいへ　すすむんだ

5 パピーウォーカーのはるかさん

名古屋市《なごやし》の東《ひがし》に住《す》む、南野《みなみの》はるかさんは、朝《あさ》の掃除《そうじ》をすませると、ダイニングでゆっくりとコーヒーを飲《の》んでいました。

テーブルには一九九九年《ねん》、二月《がつ》十三日付《にちづけ》の中日新聞《ちゅうにちしんぶん》の朝刊《ちょうかん》がひろがっています。

「あら?」

なにげなく「市民版《しみんばん》」に目《め》をやったはるかさんは、思《おも》わずほほえみました。

三頭《とう》のむくむくふとった赤《あか》ちゃん犬《いぬ》が、体《からだ》をよせあって、こちらをじっとみつめています。

「これってなあに?」

ワンちゃんの写真《しゃしん》にみとれながら、はるかさんは、新聞記事《しんぶんきじ》をよみました。大《おお》きな横書《よこが》きの見出《みだ》しで「盲導犬育成《もうどうけんいくせい》に協力《きょうりょく》を」と書《か》かれ、そのすぐ下に「パピーウォーカー募集《ぼしゅう》」とあります。

はるかさんは、胸《むね》がどきどきしてきました。

パピーウォーカーというのは、そのまま訳《やく》せば、子犬《こいぬ》といっしょに歩《ある》く人《ひと》、という意味《いみ》ですが、盲導犬《もうどうけん》になる訓練《くんれん》を受《う》ける前《まえ》の子犬《こいぬ》をあずかって育《そだ》てる人《ひと》のことです。略《りゃく》して「パピーさん」ともいいます。

家庭《かてい》であたたかい愛情《あいじょう》を受《う》けて育《そだ》つことで、子犬《こいぬ》は人《ひと》のやさしさを知《し》り、また、みぢかな生活《せいかつ》を通《つう》じて、社会《しゃかい》のルールに少《すこ》しずつなれていくのです。

四十年近《ねんちか》く前《まえ》から、盲導犬《もうどうけん》を育《そだ》てて、目《め》の不自由《ふじゆう》な人《ひと》たちに無料《むりょう》で貸《か》し出《だ》す活動《かつどう》をつづけている中部盲導犬協会《ちゅうぶもうどうけんきょうかい》では、パピーウォーカーさんをさがしていました。

中部盲導犬協会《ちゅうぶもうどうけんきょうかい》が活動《かつどう》をはじめたころには、赤《あか》ちゃん犬《いぬ》をあずかってくれる家庭《かてい》もたくさんありましたが、一軒家《いっけんや》が少《すく》なくなったことや、子犬《こいぬ》を育《そだ》ててもらうための条件《じょうけん》がきびしくなったことから、パピーウォーカーさんの数《かず》がへって困《こま》っていました。

そこで、中日新聞《ちゅうにちしんぶん》が、大《おお》きな紙面《しめん》をさいて、盲導犬《もうどうけん》になる予定《よてい》のラブラドール・レトリバーの赤《あか》ちゃんたちの写真《しゃしん》を載《の》せて、パピーウォーカーさん募集《ぼしゅう》のお手伝《てつだ》いをしたのです。

記事《きじ》のなかには、いくつかの条件《じょうけん》があげられていました。

1、だれかがいつも家《いえ》にいて、子犬《こいぬ》の世話《せわ》ができる。

2、現在《げんざい》、犬《いぬ》を飼《か》っていない。

3、散歩《さんぽ》以外《いがい》は室内《しつない》での飼育《しいく》ができる。

4、毎月《まいつき》一回《かい》、協会《きょうかい》でのしつけ教育《きょういく》に参加《さんか》できる。

読《よ》みすすむうちに、はるかさんは、はっとしました。「説明会《せつめいかい》はあした。どしどし参加《さんか》して！」という文字《もじ》が目《め》にとびこんできたからです。

そのころ、はるかさんは結婚《けっこん》したばかりでしたが、あいにくご主人《しゅじん》の裕介《ゆうすけ》さんは出張中《しゅっちょうちゅう》です。

相談《そうだん》するひまはありませんでしたが、はるかさんは、迷《まよ》わず中部《ちゅうぶ》盲導犬協会《もうどうけんきょうかい》に電話《でんわ》をかけました。

「あ、そうですか。説明会《せつめいかい》がはじまるのは九時半《じはん》。おべんとう持参《じさん》ですね。ぜひうかがわせていただきます」

子犬《こいぬ》は、たった三頭《とう》です。

新　聞　1999年(平成11年)2月13日(土曜日)　【市民】〔18〕

盲導犬育成に協力を

「パピーウォーカー」募集

中部盲導犬協会

盲導犬訓練に入る前の子犬を家庭で約十カ月間、自費で飼育する「パピーウォーカー」。人間との信頼関係を培ったり、社会環境に順応させる重要な役割を持っているが、住宅環境の変化や室内飼育の条件追加などで年々、引き受け手が減っているのが現状だ。中部盲導犬協会（港区十一屋）は十四日に同協会で趣旨説明会を開催。一人でも多くのパピーウォーカーを募ろうと、参加を呼び掛けている。

盲導犬になる予定のラブラドール・レトリーバーの子犬＝港区の中部盲導犬協会で

家庭で〝基礎作り〟

あす説明会　どしどし参加して

パピーウォーカーは、盲導犬を育成してもらう委託先。盲導犬と利用者が家庭で一緒に生活することに備えて行われている。育成プログラムは地域や育成団体によって異なるが、同協会では「盲導犬としての資質を向上させよう」と平成六年から室内飼育の条件を追加した。

そうしたところ、年間五十頭ほどあった委託先が翌年から三十頭程度に減少。順番待ちも、常時、約十世帯あったのが底をつくようになった。このため愛知、三重、岐阜県に限定していた対象地域の枠を平成九年秋から撤廃。事業の説明会を開くなどして引き受け手を確保しているが、昨年は計二十一頭にとどまっている。

パピーウォーカーの条件は▽だれかが常に家にいて子犬の世話ができる▽現在、犬を飼っていない▽散歩以外は室内での飼育ができる▽毎月一回、協会でのしつけ教育に参加できる—などだが、パート勤務者や年配者は断っている。

パピーウォーカーの手で飼育された子犬が同協会に戻ると、適性検査を受け、パスした犬だけが本格的な訓練に入り、約十カ月後、一人前の盲導犬となる。同協会訓練士の水谷由美さんは「家庭で飼育していただくと、適性検査をクリアする確率が上がる。それに将来、盲導犬になった場合の資質が高まり、パピーウォーカーの役割は非常に大きい」と話している。

説明会の申し込み、問い合わせは同協会＝電(382)6776＝へ。

市民版

巡礼博物館
日展　林　幹雄
(21日まで県美術館)

ニュースは社会部へ
(231)7333
ＦＡＸ(201)4331
紙面などへのご意見は
読者応答室へ
(221)0800

竜の刺し
着る服1枚だけ

中村署は十二日、窃盗の疑いで沖縄県出身の住所不定、無職楠見義男容疑者(三)を逮捕した。同容疑者

パピーウォーカー募集《ぼしゅう》を知《し》らせる新聞記事《しんぶんきじ》

（1999年《ねん》2月《がつ》13日《にち》　中日新聞《ちゅうにちしんぶん》より）

さて、のちに「サフィー」になるのは、どの子《こ》かな？

「うかうかしてたら、ほかの人《ひと》にもってかれちゃう！」

はるかさんは「ぜったいやるぞ」と、心《こころ》をきめました。

ちょうど会社《かいしゃ》をやめたところで、何《なに》かできる仕事《しごと》があればやってみたいと思《おも》っていたやさきです。

次《つぎ》の日《ひ》、はるかさんは、説明会《せつめいかい》にでかけて、協会側《きょうかいがわ》の説明《せつめい》を聞《き》き、また自分《じぶん》の家《いえ》の状況《じょうきょう》もきちんと説明《せつめい》してきました。

いつごろ結果《けっか》がわかるのかな？　と案《あん》じるひまもなく、中部盲導犬協会《ちゅうぶもうどうけんきょうかい》から電話《でんわ》で知《し》らせがありました。

「サフィーという名前《なまえ》の子犬《こいぬ》のパピーウォーカーさんになってください。おねがいするのは、約《やく》十か月間《げつかん》です。あした、協会《きょうかい》までサフィーちゃんを受《う》け取《と》りにきていただけますか？」

「えっ、やったあ！」

はるかさんは、とびあがりました。
こんなに早《はや》くパピーさんになれるとは、思《おも》ってもみなかったはるかさんでした。

6 いたずら子犬《こいぬ》

南野《みなみの》さんの家《いえ》にサフィーがやってきたのは、二月《がつ》の終《お》わりです。贈呈式《ぞうていしき》の日《ひ》からたった半月《はんつき》なのに、赤《あか》ちゃん犬《いぬ》は、どんどん成長《せいちょう》して、いたずら盛《ざか》りのかわいい子犬《こいぬ》になっていました。

パピーさんになるということが、どんなことか、いろいろ説明《せつめい》を受《う》けたはるかさんでしたが、じっさいにサフィーの世話《せわ》をするのは、はじめのうちはたいへんでした。

サフィーは、盲導犬《もうどうけん》の候補《こうほ》になる犬《いぬ》ですから、ふつうの子犬《こいぬ》を育《そだ》てるのとはまるで違《ちが》います。

中部盲導犬協会《ちゅうぶもうどうけんきょうかい》からは、あらかじめ、

「こういうことをさせてください」

「こういうことはさせないでください」

という決《き》まりごとが知《し》らされるのです。

細《こま》かい決《き》まりごとを実行《じっこう》するのは、思《おも》ったより困難《こんなん》なことでした。「させてください」ということより「させないでください」のほうが多《おお》いのです。

子《こ》どもにじゃれついたり、小《ちい》さな動物《どうぶつ》をおいかけるのもだめ。

お手《て》もだめ。手《て》から食《た》べ物《もの》をあたえることもだめ。

フード（エサ）も決《き》まったものでないとだめ。

ひっくりかえって、せなかをごろごろするのもだめ。

やってはいけないことをしたときには、首《くび》につけてあるクサリがかるくしまるようになっていて、子犬《こいぬ》は、してはいけないことに気《き》がつくようになっています。

やさしいはるかさんにとって、サフィーにこういうしつけをすることは、ちょっとストレスになりました。

でも、これはすべて、大人《おとな》になってりっぱな盲導犬《もうどうけん》になるための基礎《きそ》をつくるための勉強《べんきょう》です。

サフィーは、犬《いぬ》ではあっても、人間《にんげん》にもできない働《はたら》きをする盲導犬《もうどうけん》になるのですから、幼《おさな》いころからふつうの犬《いぬ》とは違《ちが》った生活《せいかつ》を学《まな》んでいかなくてはならないのです。

はるかさんがいちばん困《こま》ったのが、トイレでした。

ふつうの犬《いぬ》は、散歩《さんぽ》にでたときがトイレ時《どき》です。

でも、盲導犬《もうどうけん》の子犬《こいぬ》の場合《ばあい》は、トイレを室内《しつない》のトイレですませてから散歩《さんぽ》に連《つ》れ出《だ》すのです。

はるかさんは、サフィーが、部屋《へや》においてあるトイレで用《よう》をたしたのをみきわめてから、いそいで散歩《さんぽ》に連《つ》れて行《い》きます。

それでも、サフィーは、散歩中《さんぽちゅう》におしっこをしたがります。

むりもありません。外《そと》にいったら気持《きも》ちよく、シャーッ！　と電柱《でんちゅう》にひっかけるのがワンちゃんの楽《たの》しみです。

トイレ問題《もんだい》のほかにも、やらなければならないことはたくさんありました。

毎日《まいにち》の手入《てい》れ。

飼育日誌《しいくにっし》を書《か》く。

月一回《つきかい》の「しつけ教室《きょうしつ》」への参加《さんか》。

ご主人《しゅじん》の裕介《ゆうすけ》さんも、動物《どうぶつ》が大好《だいす》きでしたから、何《なん》にでも協力《きょうりょく》してくれました。

土日《どにち》のお散歩《さんぽ》は、裕介《ゆうすけ》さんもいっしょに行《い》きます。

あいきょうたっぷりのサフィーは、すぐにご近所《きんじょ》の人気者《にんきもの》になりました。

サフィーの特徴《とくちょう》は、人《ひと》とすれちがったりするときに、じっと目線《めせん》をあわせることです。

あの真《ま》っ黒《くろ》な、つぶらな瞳《ひとみ》で見《み》つめられたら、もうだれでも、めろめろになってしまいます。

「わあ、かわいい！」

「さわっていい？」

散歩《さんぽ》に行《い》くと、みんなが集《あつ》まってきます。

しっぽを、ぷりぷり強《つよ》くふるのも、サフィーのお得意種目《とくいしゅもく》です。

ゆれるしっぽにぶたれて「あいたっ！」と、裕介《ゆうすけ》さんが叫《さけ》んでも、サフィーは知《し》らん顔《かお》して、とっとこ歩《ある》いていきます。

募集条件《ぼしゅうじょうけん》にあったように、毎月《まいつき》一回《かい》、サフィーを連《つ》れて「しつけ教室《きょうしつ》」に行《い》きました。

教室《きょうしつ》には、ほかのパピーさんも、それぞれ自慢《じまん》の子犬《こいぬ》を連《つ》れて集《あつ》まってきます。

最初《さいしょ》の日《ひ》に裕介《ゆうすけ》さんが体験《たいけん》したのは、目《め》かくしをして盲導犬《もうどうけん》といっしょに歩《ある》くことでした。

よく訓練《くんれん》された盲導犬《もうどうけん》を使《つか》うのですが、とてもこわい経験《けいけん》でした。でもそうすることで、目《め》の見《み》えない人《ひと》の気持《きも》ちが、よくわかりました。

人間《にんげん》の足《あし》の速《はや》さにあわせて歩《ある》く練習《れんしゅう》もありました。

裕介《ゆうすけ》さんが「つけ！」といって、自分《じぶん》の体《からだ》の左側《ひだりがわ》にぴたりとつけて歩《ある》かせよ

パピーさん宅《たく》に来《き》たばかり（上）、あっというまに大《おお》きく、散歩中《さんぽちゅう》（下）

うとするのですが、サフィーは、どんどん先《さき》に行《い》こうとします。

「まて！」といっても知《し》らんぷり。

そんなときには、訓練士《くんれんし》さんが助《たす》けてくれます。

月《つき》に一度《ど》の「しつけ教室《きょうしつ》」のとき、サフィーはいつも、おちこぼれでした。

失敗《しっぱい》するたびに、みんなの目《め》が、サフィーに集《あつ》まってしまいます。

「サフィー、もっとちゃんとやりなさい！」

はるかさんが怒《おこ》ると、サフィーは、あのうるうるした愛《あい》らしい瞳《ひとみ》で、はるかさんをじっと見《み》あげます。

はるかさんは、つい甘《あま》い言葉《ことば》をサフィーにかけてしまいます。

「いいよ、いいよ。サフィーはサフィーなりに、がんばってるんだもんね」

日《ひ》がたつにつれ、サフィーはますます、いたずらっ子《こ》になっていきました。

新品《しんぴん》のカーペットは、サフィーが噛《か》んでぼろぼろに……。

きれいなクッションもぼろぼろに……。

スリッパも何足《なんぞく》もぼろぼろに……。

みがきあげたフローリングの床《ゆか》は傷《きず》だらけ……。

サフィーは、元気《げんき》いっぱい、食欲《しょくよく》いっぱいで、遠《とお》くまで買《か》いにいく協会指定《きょうかいしてい》の高《たか》いエサも、もりもり、ばりばり山《やま》ほど食《た》べます。

病気《びょうき》になったのは、たった一回《かい》だけです。

お腹《なか》をこわしたサフィーを連《つ》れて獣医《じゅうい》さんに行《い》きました。

「それでは、おかゆを食《た》べさせてください」

「でも、決《き》められたエサがあるんです」

「お腹《なか》をなおすためですから、しかたありません。はい、薬《くすり》です。いやがるワンちゃんが多《おお》いからエサにまぜたりして、うまく飲《の》ませてくださいね」

家《いえ》に帰《かえ》ったはるかさんは、

「どうやって薬《くすり》をのませようかな？」

と、とりあえず食器《しょっき》のなかに薬《くすり》をいれると、サフィーは大《おお》よろこびで「べろべろっ」と食《た》べてしまいました。

おかゆをつくって食《た》べさせると「こんなにおいしいものはない」とばかりに、あっというまにもこれもぺろり！

「もっとほしいよ」と、ねだります。

裕介《ゆうすけ》さんは心配《しんぱい》になりました。

「はあ？　こんなんで盲導犬《もうどうけん》になれるのかな？」

7 涙《なみだ》のおわかれ？

サフィーは、やんちゃでしたが、やさしい子犬《こいぬ》でした。

おだやかで、子《こ》どもたちにほえついたり、ハトやネコを見《み》ても、おいかけません。

教《おし》えることはどんどん覚《おぼ》えて「しつけ教室《きょうしつ》」にいっても、恥《はじ》をかくようなこともなくなりました。

ほこらしげに頭《あたま》をもちあげ、裕介《ゆうすけ》さんの左《ひだり》にぴたりと付《つ》いて、さっそうと歩《ある》きます。

人《ひと》ごみや車《くるま》にも、少《すこ》しずつなれていきました。

サフィーは、新婚《しんこん》ほやほやの南野家《みなみのけ》で、まるで子《こ》どものように愛《あい》されました。

夏《なつ》に休暇《きゅうか》がとれたある日《ひ》、裕介《ゆうすけ》さんが言《い》いました。

「ねぇ、サフィーを海《うみ》に連《つ》れて行《い》ってやろうよ。きっとよろこぶよ」

「そうね。ラブラドールは、泳《およ》ぐのうまいっていうから……」

ところが、せっかく海《うみ》へ連《つ》れて行《い》ったのに、サフィーは泳《およ》ぐどころか、散歩《さんぽ》もしません。

車《くるま》に酔《よ》ってふらふらだったのです。

「あ～あ、がっかり」

せっかくの楽《たの》しみは台《だい》なしでした。

けっきょくサフィーには、近所《きんじょ》のお散歩《さんぽ》がいちばん合《あ》っていることがわかりました。

あっというまに十か月《げつ》がたちました。

おわかれの日《ひ》がちかづいてきます。

そのころには、トイレの習慣《しゅうかん》もすっかり身《み》につきました。

あしたはサフィーを中部盲導犬協会《ちゅうぶもうどうけんきょうかい》に返《かえ》さなくてはならないという日《ひ》、裕介《ゆうすけ》さんとはるかさんは、決《き》まりをやぶりました。その夜《よる》だけ、リビングにふとんをしいて、サフィーを真《ま》ん中《なか》に〝川《かわ》の字《じ》〟になっていっしょにねむったのです。

明《あ》け方《がた》、ふと、はるかさんは目《め》をさましました。

「あれ、サフィーは?」

サフィーは、さっさとトイレがおいてあるところに行《い》って、ぱっと用《よう》をすませてもどってきました。

「サフィー。えらい、えらい!」

サフィーは、そばによってきて、はるかさんに、なんども頭《あたま》をこすりつけました。

裕介《ゆうすけ》さんが、ぽつりと言《い》いました。

「きょうでおわかれだなあ。盲導犬協会《もうどうけんきょうかい》にいったら、訓練士《くんれんし》さんのいうことをよく聞《き》いて、ちゃんと勉強《べんきょう》するんだぞ」

育《そだ》てた子犬《こいぬ》を盲導犬協会《もうどうけんきょうかい》に返《かえ》すと、もうパピーさんのお役目《やくめ》はおわりです。二度《ど》とサフィーに会《あ》うことはできません。


裕介《ゆうすけ》さんたちは、サフィーを車《くるま》に乗《の》せると、そのころ名古屋市港区十一屋《なごやしみなとくじゅういちや》にあった「盲導犬訓練《もうどうけんくんれん》センター」に向《む》かいました。

会議室《かいぎしつ》で待《ま》っていると、協会《きょうかい》の河西所長《かわにししょちょう》さんはじめ、職員《しょくいん》の方《かた》たちがそろって迎《むか》えてくれました。

「どうも、どうも、南野《みなみの》さん。長《なが》いあいだご苦労《くろう》さまでした。サフィーはよい子犬《こいぬ》に育《そだ》ちましたね。ほんの赤《あか》ちゃん犬《いぬ》だったのに……」

「ええ。いわれたことはちゃんと守《まも》れるようになりました。サフィーをお返《かえ》しいたします。りっぱな盲導犬《もうどうけん》にそだててください」

裕介《ゆうすけ》さんは、訓練士《くんれんし》の加藤浩司《かとうこうじ》さんに、リードを渡《わた》しました。

加藤《かとう》さんは、やさしい声《こえ》で、サフィーにいいました。

「サフィー。きょうからぼくがリーダーだよ。いっしょに勉強《べんきょう》はじめようね。盲導犬《もうどうけん》になる訓練《くんれん》だ。そう簡単《かんたん》には卒業《そつぎょう》できないぞ」

はるかさんは、おどろきました。

サフィーは、なんの迷《まよ》いもなく、加藤《かとう》さんのそばで命令《めいれい》を待《ま》っています。

「じゃ、サフィー、行《い》こうか！」

訓練士《くんれんし》の加藤浩司《かとうこうじ》さんとサフィーが、いよいよ部屋《へや》を出《で》ていく時間《じかん》になりました。

「ああ、サフィーを見《み》るのもこれが最後《さいご》だ」

はるかさんは、目《め》にいっぱい涙《なみだ》をためています。裕介《ゆうすけ》さんも目《め》がしらがあつくなっています。

ところがサフィーは、どうでしょう。

ふりむきもしないで、加藤《かとう》さんについて、さっさと歩《ある》いていってしまいます。

「ちょっと！　それってないんじゃない？」

「一回《かい》ぐらいふりむいてくれよ！」

「ありがとう！　とかって言《い》わないの？」

ふたりは、あっけにとられてサフィーを見送《みおく》りました。

いつものように、しっぽを、ぷりっぷりっと左右《さゆう》にふりながら、サフィーはうれしそうに行《い》ってしまいました。

はるかさんは、パピーウォーカーをしたことのある人《ひと》から聞《き》いたことを思《おも》いだしました。

「訓練士《くんれんし》さんに子犬《こいぬ》を渡《わた》す時《とき》ってあっけないのよ。こちらをふりむきもしないで、さっさと歩《ある》いて行《い》ってしまうの」

でも、まさかサフィーがほんとうにそういう行動《こうどう》をとるなんて思《おも》ってもいませんでした。

あんなに甘《あま》えっ子《こ》だったのに……。

はるかさんは、目《め》をぱちくりさせてしまいました。

8 加藤《かとう》さんといっしょ

加藤浩司《かとうこうじ》さんは、もともと犬《いぬ》が大好《だいす》きです。

会社《かいしゃ》に勤《つと》めていましたが、目《め》の不自由《ふじゆう》な人《ひと》に盲導犬《もうどうけん》を贈《おく》るためには、訓練士《くんれんし》が必要《ひつよう》だということを知《し》って「そういう仕事《しごと》につきたいな」と、ばくぜんと思《おも》っていました。

あるとき新聞《しんぶん》に、訓練士《くんれんし》の認定制度《にんていせいど》のことが書《か》いてあったので、思《おも》い切《き》って中部盲導犬協会《ちゅうぶもうどうけんきょうかい》に相談《そうだん》してみました。そして、条件《じょうけん》をクリアしたので、会社《かいしゃ》をやめて、一九八五年《ねん》（昭和《しょうわ》六十年《ねん》）に中部盲導犬協会《ちゅうぶもうどうけんきょうかい》の訓練士《くんれんし》になりました。

今《いま》から二十三年《ねん》ぐらい前《まえ》のことです。

そのころはまだ協会《きょうかい》の規模《きぼ》も小《ちい》さく、職員《しょくいん》の数《かず》も少《すく》なく、加藤《かとう》さんは住《す》み込《こ》みで働《はたら》きました。

それからずっと加藤《かとう》さんは、どうすれば良《よ》い盲導犬《もうどうけん》を育《そだ》てられるかを研究《けんきゅう》しながら、ワンちゃんを指導《しどう》してきました。

今《いま》までに世《よ》に送《おく》り出《だ》してきた犬《いぬ》を合計《ごうけい》すると、ざっと数《かぞ》えても百頭《ひゃくとう》は超《こ》えていると思《おも》われます。

南野《みなみの》さんからサフィーがもどってきたその日《ひ》から、加藤《かとう》さんがめんどうをみはじめました。

サフィーは、まず適性検査《てきせいけんさ》を受《う》けました。

これは、子犬《こいぬ》が盲導犬《もうどうけん》に向《む》いているかを調《しら》べる検査《けんさ》です。

まず、身体検査《しんたいけんさ》。ラブラドール種《しゅ》は、股関節《こかんせつ》に問題《もんだい》がある犬《いぬ》もいるので、歩《ある》き方《かた》を見《み》たり、必要《ひつよう》があればレントゲンもとって念入《ねんい》りに調《しら》べます。

毎日《まいにち》いっしょに生活《せいかつ》して、犬《いぬ》の性格《せいかく》もみきわめていきます。

触《さわ》られるのがいやで、つい歯《は》をあててしまう犬《いぬ》は、盲導犬《もうどうけん》には適《てき》しません。

こわがりすぎの犬《いぬ》もだめです。車《くるま》の音《おと》をきいただけで、立《た》ちすくんでしまうようなワンちゃんでは、目《め》の不自由《ふじゆう》な人《ひと》を守《まも》ることができません。

動物《どうぶつ》にきょろきょろしたり「あそぼうよ」という意識《いしき》が強《つよ》すぎる犬《いぬ》や、ぎゃくに「攻撃《こうげき》タイプ」のワンちゃんも盲導犬《もうどうけん》にはなれません。

そのほか、歩《ある》き方《かた》やお行儀《ぎょうぎ》など、あらゆる方向《ほうこう》から犬《いぬ》を観察《かんさつ》して、これでよし！　となってはじめて、盲導犬《もうどうけん》としての本格的《ほんかくてき》な訓練《くんれん》に入《はい》るのです。

サフィーは、二週間《しゅうかん》ほどで適性検査《てきせいけんさ》に合格《ごうかく》して、加藤訓練士《かとうくんれんし》さんといっしょに、外《そと》に出《で》るようになりました。

「サフィー、おめでとう！　きょうから訓練《くんれん》だ。がんばって勉強《べんきょう》しような」

加藤《かとう》さんはサフィーの首《くび》に、リードとよばれる引《ひ》き綱《づな》をつけて、街《まち》に出《で》ていきます。ハーネスという道具《どうぐ》（犬《いぬ》の体《からだ》につける胴輪《どうわ》と盲導犬《もうどうけん》を使《つか》う人《ひと》が手《て》でもつハンドルからできている）をつけるのは、もっと先《さき》です。

「すわれ」「まて」「ふせ」からはじまって、きちんとまっすぐ歩《ある》くこと。障害物《しょうがいぶつ》をさけたり、交差点《こうさてん》の角《かど》で止《と》まること。

バスや地下鉄《ちかてつ》にも乗《の》ったりおりたりして、目《め》の不自由《ふじゆう》な人《ひと》を安全《あんぜん》に誘導《ゆうどう》できるように教《おし》えていきます。

加藤《かとう》さんは、サフィーがよくできたときには、すぐにほめます。

「不服従訓練《ふふくじゅうくんれん》」をしている加藤《かとう》さんとサフィー。
命令《めいれい》されても危険《きけん》と判断《はんだん》したら渡《わた》らない、むずかしい訓練《くんれん》なんだ。

間違《まちが》ったときには、すぐに叱《しか》ります。

サフィーがいちばんむずかしかったのは「不服従訓練《ふふくじゅうくんれん》」でした。交通訓練《こうつうくんれん》では、犬《いぬ》が自分《じぶん》でキケンだと判断《はんだん》したら、主人《しゅじん》の命令《めいれい》にしたがわないことを教《おし》えるのです。ふだんは、命令《めいれい》にしたがって行動《こうどう》するように教《おし》えられているのですから、これはほんとうにたいへんなことです。

決《き》まった食事以外《しょくじいがい》のものを食《た》べない「拒食訓練《きょしょくくんれん》」もむずかしいです。盲導犬《もうどうけん》になる犬《いぬ》といっても、もとはふつうの犬《いぬ》なのです。おいしいものを見《み》たら、つい食《た》べたくなってしまいます。

加藤《かとう》さんは、サフィーの気持《きも》ちを考《かんが》えながら、しんぼう強《づよ》く、サフィーが盲導犬《もうどうけん》として働《はたら》くことができるように教《おし》えこんでいきます。

盲導犬《もうどうけん》が仕事《しごと》をする時間《じかん》は、一日《にち》のなかでそんなに長《なが》い時間《じかん》ではありません。ハーネスをはずせば、ただの犬《いぬ》です。

目《め》の見《み》えない方《かた》が、犬《いぬ》とうまく暮《く》らしていくためには、どうすればいいか？

どうすれば犬《いぬ》が家庭《かてい》で幸《しあわ》せに暮《く》らせるか？

そういう勉強《べんきょう》をするために、加藤《かとう》さんは、自分《じぶん》のマンションにサフィーや、いっしょに訓練《くんれん》していたほかの二頭《とう》の犬《いぬ》たちを連《つ》れて帰《かえ》ることもありました。

そんなときの犬《いぬ》たちは、テレビにみとれたり、甘《あま》えたり、仕事《しごと》を忘《わす》れてくつろぐので、加藤《かとう》さんの心《こころ》もほっとします。

9　これがサフィーかあ！

加藤《かとう》さんがサフィーの訓練《くんれん》をはじめて七か月《げつ》ぐらいたちました。

はるかさんは、サフィーがどうしているのか気《き》になってたまりません。協会《きょうかい》からは、なんの連絡《れんらく》もありません。

はるかさんは、おもいきって中部盲導犬協会《ちゅうぶもうどうけんきょうかい》に電話《でんわ》をかけました。

「あの〜、サフィーは、盲導犬《もうどうけん》になれましたか？」

「まだ訓練中《くんれんちゅう》です」

「え、まだなんですか？」

「はい。訓練《くんれん》には、早《はや》い子《こ》でも八か月《げつ》から一年《ねん》。もっと長《なが》くかかる犬《いぬ》もいます。サフィーちゃんは、がんばってるから、もうすぐですよ。このあと、共同訓練《きょうどうくんれん》に入《はい》って、ユーザーさんといっしょに暮《く》らしながら、仕上《しあ》げにとりかかるんです」

「共同訓練《きょうどうくんれん》？　あの、ユーザーさんて、サフィーの飼《か》い主《ぬし》になる方《かた》ですか？」

「そうです。共同訓練《きょうどうくんれん》というのは、盲導犬《もうどうけん》を使《つか》う人《ひと》・ユーザーさんといっしょに行《おこ》なう訓練《くんれん》です。サフィーちゃんのリーダーが、訓練士《くんれんし》からユーザーさんに変《か》わっていくんです。そうすることで、盲導犬《もうどうけん》は新《あたら》しいご主人《しゅじん》の命《いのち》を守《まも》れるようになるんです」

サフィーを協会《きょうかい》に返《かえ》した後《あと》、はるかさんは裕介《ゆうすけ》さんとよく話《はな》し合《あ》いました。

「ねえ、サフィーは、盲導犬《もうどうけん》になれるよね？」

「ぼくは、なれないと思《おも》うよ」

「なれる！　絶対《ぜったい》なれる！　どうしてそんなことというの？」

「そりゃ、なればいいけど……」

裕介《ゆうすけ》さんは、盲導犬《もうどうけん》になれなかった犬《いぬ》は、パピーさんのもとに戻《もど》ることもあるという話《はなし》を聞《き》いたことがありました。

裕介《ゆうすけ》さんの心《こころ》のおくには「そうすればサフィーがもどってくる」という、ばくぜんとした思《おも》いがあったのかもしれません。

でも、はるかさんは「サフィーは、絶対《ぜったい》に盲導犬《もうどうけん》になれる」と、ずっと、ずっと信《しん》じていたのです。

二〇〇一年《ねん》三月《がつ》、中部盲導犬協会《ちゅうぶもうどうけんきょうかい》から大《おお》きな封筒《ふうとう》がとどきました。サフィーが盲導犬《もうどうけん》になれたことを知《し》らせる手紙《てがみ》でした。

お礼《れい》の手紙《てがみ》といっしょに、写真《しゃしん》がそえられていました。ハーネスをつけ、頭《あたま》をしゃんともちあげて盲導犬《もうどうけん》になったサフィーと、サングラスをかけた、やさしそうな紳士《しんし》の姿《すがた》がうつっていました。

「ほお、これがサフィーかあ！」

裕介《ゆうすけ》さんとはるかさんは、頭《あたま》をよせあって、サフィーの写真《しゃしん》にみとれました。

サフィーにはもう、子犬《こいぬ》だったときのおもかげは見《み》られません。

写真《しゃしん》のなかのサフィーは、きりりとひきしまった表情《ひょうじょう》の、一人前《いちにんまえ》のりっぱな

南野《みなみの》　さま

日頃《ひごろ》から盲導犬《もうどうけん》の育成《いくせい》に多大《ただい》なご協力《きょうりょく》、まことにありがとうございます。さて、このたび、南野《みなみの》さまに育《そだ》てていただきましたサフィーちゃんが無事《ぶじ》に卒業《そつぎょう》いたしましたので、お知《し》らせいたします。

これも、南野《みなみの》さまのご家庭《かてい》であたたかい愛情《あいじょう》に包《つつ》まれて人《ひと》に対《たい》する信頼感《しんらいかん》がつちかわれ、素直《すなお》に明《あか》るく育《そだ》てていただいたおかげで、立派《りっぱ》な盲導犬《もうどうけん》となりました。協会《きょうかい》職員一同《しょくいんいちどう》心《こころ》から厚《あつ》くお礼《れい》を申《もう》し上《あ》げます。

共同訓練中《きょうどうくんれんちゅう》に撮影《さつえい》しました写真《しゃしん》を同封《どうふう》いたします。サフィーちゃんの仕事《しごと》ぶりがうかがわれるのではないでしょうか？

また、もしどこかで出会《であ》うことがありましたときには、あたたかい目《め》で見守《みまも》ってあげてください。

今後《こんご》とも、盲導犬育成事業《もうどうけんいくせいじぎょう》へのいっそうのご理解《りかい》とご指導《しどう》をお願《ねが》いいたします。

平成《へいせい》十三年《ねん》　三月吉日《がつきちじつ》　財団法人《ざいだんほうじん》　中部盲導犬協会《ちゅうぶもうどうけんきょうかい》

盲導犬《もうどうけん》のすがたです。

「やったね、サフィー！」

「よくがんばった！」

ふたりの胸《むね》に、あつい思《おも》いがこみあげてきます。

「サフィーに会《あ》ってみたいね」

裕介《ゆうすけ》さんが、ひとこと、ぼそっとつぶやきました。

「でも、だめ。会《あ》ってはいけない決《き》まりがあるのよ」

はるかさんが、やさしく裕介《ゆうすけ》さんを見《み》つめました。

中部盲導犬協会《ちゅうぶもうどうけんきょうかい》では、長《なが》い歴史《れきし》の経験《けいけん》から、パピーウォーカーさんや、子犬《こいぬ》を贈呈《ぞうてい》したボランティアさんに、ユーザーさんの名前《なまえ》や連絡先《れんらくさき》を教《おし》えることはありません。

プライバシーというものが、重視《じゅうし》される今《いま》の世《よ》です。

熊澤《くまざわ》さんと息《いき》もぴったり、横断《おうだん》歩道《ほどう》をわたる訓練中《くんれんちゅう》のサフィー

パピーさんが、育《そだ》てた子犬《こいぬ》のことが気《き》になって、新《あたら》しい飼《か》い主《ぬし》さんのところに、しょっちゅう押《お》しかけたり、犬《いぬ》がパピーさんを忘《わす》れられずに、ユーザーさんの命令《めいれい》に、したがわなくなってしまったら困《こま》ります。

でも、なにかの事情《じじょう》で、ユーザーさんのほうから、パピーさんにお会《あ》いしたいという申《もう》し出《で》があり、パピーさんもそれに賛成《さんせい》したら、おたがいの責任《せきにん》のなかで、コミュニケーションをはかることができるのです。

それからずっとあとのことでしたが、サフィーのユーザーとなった熊澤《くまざわ》尚《ひさし》さんは、協会《きょうかい》を通《とお》して、南野《みなみの》さんご夫妻《ふさい》に連絡《れんらく》をとり、ときどき、メールでサフィーのようすを伝《つた》えるようになりました。

その後《ご》、ご夫妻《ふさい》は、会社《かいしゃ》の仕事《しごと》でアメリカに四年間《ねんかん》、駐在《ちゅうざい》することになり、日本《にほん》をはなれて暮《く》らします。

二〇〇五年《ねん》三月《がつ》。アメリカに赴任《ふにん》していた南野《みなみの》さんたちが一時帰国《いちじきこく》したときでした。

熊澤《くまざわ》さんは、成長《せいちょう》したサフィーを、南野《みなみの》さんご夫妻《ふさい》にぜひ見《み》てほしいと思《おも》い、名古屋駅《なごやえき》の近《ちか》くで待《ま》ち合《あ》わせることにしました。

「サフィー、おぼえているといいね」

「でも、忘《わす》れてるほうが、ユーザーさんにとってはいいのかも知《し》れないよ」

そんな思《おも》いで、ふたりは熊澤《くまざわ》さんとサフィーに会《あ》いました。

サフィーは赤《あか》ちゃん時代《じだい》のことをすっかり忘《わす》れていて、熊澤《くまざわ》さんがよく行《い》くコーヒー屋《や》さんに、例《れい》のしっぽをぷりぷりふりながら、「こっちですよ！」というように、さっさと誘導《ゆうどう》していきました。

南野《みなみの》さんご夫妻《ふさい》は、サフィーについて、こんなふうに語《かた》ります。

「サフィーは、体《からだ》がひきしまり、すごくりっぱになっていました。わたしたちのことは忘《わす》れてしまったようですが、盲導犬《もうどうけん》として、活躍《かつやく》していることに感動《かんどう》しました」

「盲導犬《もうどうけん》はかわいそうという人《ひと》もいますが、飼《か》い主《ぬし》から大切《たいせつ》にされ、どこにでもいっしょに行《い》け、だれからも『えらいね』とほめられる。リタイアすれば恵《めぐ》まれた余生《よせい》がまっている。盲導犬《もうどうけん》は幸《しあわ》せです。ふつうの犬《いぬ》は、散歩《さんぽ》はせいぜい三十分《ぷん》。スーパーにもコーヒー屋《や》さんにも入《はい》れません」

裕介《ゆうすけ》さんとはるかさんが、盲導犬《もうどうけん》となったサフィーに会《あ》えたのは、これがはじめで最後《さいご》となりました。

10 ユーザーの熊澤《くまざわ》さん

サフィーのユーザーさんとなったのは、静岡県《しずおかけん》の吉田町《よしだちょう》に住《す》む、もと会社員《かいしゃいん》の熊澤《くまざわ》尚《ひさし》さんです。

熊澤《くまざわ》さんが、目《め》が変《へん》だなと思《おも》うようになったのは、五十代《だい》のなかばでした。

（どうもおかしい。あたりが暗《くら》くみえる……）

熊澤《くまざわ》さんは、奥《おく》さんの瑛子《えいこ》さんにたずねてみました。

「なんか蛍光灯《けいこうとう》が暗《くら》いねえ。テレビも映《うつ》りがわるくなったような気《き》がするよ」

「あら、お父《とう》さん、そんなことないですよ、蛍光灯《けいこうとう》は明《あか》るいし、テレビもちゃんと見《み》えてますよ」

なにげなく答《こた》えた瑛子《えいこ》さんでしたが、ふと気《き》になりました。

「おかしいわ。こんなにまぶしく輝《かがや》いている蛍光灯《けいこうとう》が暗《くら》いだなんて……」

ふたりの息子《むすこ》さん、お兄《にい》さんの保幸《やすゆき》くんと、弟《おとうと》の英幸《ひでゆき》くんも、お母《かあ》さんから話《はなし》を聞《き》いて心配《しんぱい》になりました。

保幸《やすゆき》くんがすすめました。

「お父《とう》さん、目医者《めいしゃ》に行《い》ったほうがいいよ。年《とし》をとると白内障《はくないしょう》っていう、角膜《かくまく》がくもる目《め》の病気《びょうき》もでてくるっていうから……」

「もし、白内障《はくないしょう》だったら、手術《しゅじゅつ》で簡単《かんたん》になおせるらしいから。お父《とう》さん、調《しら》べてもらったほうがいいと思《おも》うよ」

英幸《ひでゆき》くんも熱心《ねっしん》にそういいます。

「そうだねえ。じゃあ、とにかく目医者《めいしゃ》に行《い》ってみようか」

かるい気持《きも》ちで焼津市《やいづし》の総合病院《そうごうびょういん》の眼科《がんか》に行《い》った熊澤《くまざわ》さんでしたが、いろいろな検査《けんさ》をうけたあと、先生《せんせい》の診断《しんだん》を聞《き》いて目《め》の前《まえ》が真《ま》っ暗《くら》になりました。

熊澤《くまざわ》さんの目《め》は、「網膜色素変性症《もうまくしきそへんせいしょう》」という病気《びょうき》にかかっていたのです。

白衣《はくい》をきた先生《せんせい》は、むずかしい顔《かお》をして熊澤《くまざわ》さんに説明《せつめい》しました。

「じつは、網膜色素変性症《もうまくしきそへんせいしょう》というのは、原因《げんいん》のわからない病気《びょうき》なんです」

「えっ？」

「研究《けんきゅう》はされているのですが、今《いま》のところ治療法《ちりょうほう》もなく、特効薬《とっこうやく》もありません。

白内障《はくないしょう》や眼底出血《がんていしゅっけつ》の場合《ばあい》のように手術《しゅじゅつ》をすることもできません」

「それで？」

「お気《き》の毒《どく》ですが、しだいに網膜《もうまく》がおかされ、視野《しや》もせまくなっていきます」

「そういえば先生《せんせい》、あたりが暗《くら》く見《み》えるんです。日《ひ》が当《あ》たるところにいても、まるで夕方《ゆうがた》のようです」

「なるほど……」

先生《せんせい》は、熊澤《くまざわ》さんをだまって見《み》つめています。

思《おも》いきって熊澤《くまざわ》さんはたずねてみました。

「といいますと……、このまま見《み》えなくなってしまうことも考《かんが》えられるんでしょうか？」

「熊澤《くまざわ》さん。本当《ほんとう》のことを申《もう》し上《あ》げたほうがいいでしょう。この病気《びょうき》は、全快《ぜんかい》するということは考《かんが》えないほうがいいと思《おも》います。多《おお》くの場合《ばあい》、ゆっくりとですが、確実《かくじつ》に症状《しょうじょう》が進《すす》んでいくんです。網膜色素変性症《もうまくしきそへんせいしょう》は、お年寄《としよ》りだけがかかる病気《びょうき》ではありません。高校生《こうこうせい》ぐらいの患者《かんじゃ》さんも、このごろではふえてきています」

「そうなんですか……」

しっかり答《こた》えたものの、熊澤《くまざわ》さんは、ふかいショックをかくせませんでした。若《わか》いときから目《め》には自信《じしん》のあった熊澤《くまざわ》さんです。五十歳《さい》をすぎた今《いま》、目《め》が見《み》えなくなるなどということは、考《かんが》えたこともありませんでした。

目医者《めいしゃ》さんの診断《しんだん》どおり、熊澤《くまざわ》さんの病気《びょうき》は、じょじょに進《すす》んでいきました。熊澤《くまざわ》さんがこの事実《じじつ》をみとめるまでには、ずいぶん長《なが》い年月《ねんげつ》がかかりました。

「なんとかして治《なお》したい。このまま目《め》が見《み》えなくなるなんてたまらない！」

そう思《おも》って熊澤《くまざわ》さんは、病院《びょういん》にかよい、薬《くすり》をのみ、人《ひと》にもアドバイスをもらい、ありとあらゆる方法《ほうほう》をこころみました。

それでも、この病気《びょうき》がよくなることはありませんでした。

今《いま》まで見《み》えることがふつうだった熊澤《くまざわ》さんの暮《く》らしが、網膜色素変性症《もうまくしきそへんせいしょう》という難病《なんびょう》にうばわれて、ひとりで歩《ある》くことさえ、困難《こんなん》な生活《せいかつ》にかわっていったのです。

奥《おく》さんの瑛子《えいこ》さんも、お父《とう》さん思《おも》いの息子《むすこ》さんたちも、同《おな》じように苦《くる》しみました。

「お父《とう》さん、きょうは具合《ぐあい》どう?」

「だめだねえ……」

「医者《いしゃ》にもらった薬《くすり》、のんでるんでしょう?」

「のんではいるが、気休《きやす》めみたいなもんだなあ」

力《ちから》なく答《こた》える熊澤《くまざわ》さんに、瑛子《えいこ》さんの心《こころ》もくもりました。

目《め》が見《み》えなくなるってどんなことでしょう？

朝《あさ》、起《お》きて、目《め》をあけても明《あか》るい光《ひかり》は入《はい》ってきません。あたりは、ぼんやりと薄暗《うすぐら》く、テレビもよく見《み》えず、毎朝《まいあさ》かかさずに読《よ》んでいた新聞《しんぶん》も読《よ》むことができなくなります。

そのうちに症状《しょうじょう》が進《すす》んでいって、ついには、家族《かぞく》の笑顔《えがお》も、庭《にわ》の草花《くさばな》も、あたりの景色《けしき》も、青空《あおぞら》も、星空《ほしぞら》も、なにも見《み》えなくなるのです。ひとり暗闇《くらやみ》のなかに、ぽつんとおいていかれるのです。

それがどんなにつらいことか、せつないことか。わたしたちも目《め》をとじた状態《じょうたい》で、何分間《なんぷんかん》か生活《せいかつ》してみるだけでわかるでしょう。

今《いま》の社会《しゃかい》には、目《め》の不自由《ふじゆう》な人《ひと》たちの暮《く》らしを体験《たいけん》する「暗闇体験《くらやみたいけん》」などという試《こころ》みもたしかにあります。

けれども、それはあくまで短《みじか》い時間《じかん》での体験《たいけん》で、永遠《えいえん》につづく暗闇《くらやみ》の生活《せいかつ》とはまるでちがいます。

目《め》かくしをして歩《ある》き出《だ》したとしても、すぐに不安《ふあん》になって、一、二分《ふん》もたたないうちに目《め》をあけてしまうのがふつうでしょう。

熊澤《くまざわ》さんは、これからの一生《いっしょう》、そういう暮《く》らしに耐《た》えていかなくてはならないのです。

11 はずかしい！

「どうしてこういうことになったのだろう？」

がまん強《づよ》い熊澤《くまざわ》さんも、さすがに夜《よる》ねむれずに、家族《かぞく》にわからないように涙《なみだ》をながすこともありました。

そんな姿《すがた》をさっして、瑛子《えいこ》さんも、息子《むすこ》さんたちも、つらい気持《きも》ちでいっぱいになりました。

「どうしてあげればいいの？」

「なんとかお父《とう》さんの気持《きも》ちをあかるくしたい！」

瑛子《えいこ》さんも、子《こ》どもたちも祈《いの》るような気持《きも》ちで暮《く》らす毎日《まいにち》でした。

でも、家族《かぞく》のそんな思《おも》いとはうらはらに、熊澤《くまざわ》さんの目《め》は、どんどん光《ひかり》をうしなっていきました。

視野《しや》もせまくなり、毎日《まいにち》の暮《く》らしに不自由《ふじゆう》を感《かん》じるようになっていきました。

そして、おしまいには、目《め》の見《み》えない人《ひと》が使《つか》う「白杖《はくじょう》」という杖《つえ》を使《つか》わなくてはならないほど、病気《びょうき》が悪《わる》くなっていったのです。

少《すこ》し前《まえ》までは、杖《つえ》を使《つか》うこともなくふつうに道《みち》を歩《ある》いていた熊澤《くまざわ》さんです。

必要《ひつよう》にせまられて使《つか》うたいせつな白《しろ》い杖《つえ》ですが、杖《つえ》を使《つか》うことに抵抗《ていこう》がありました。

なぜか「恥《は》ずかしい」という気持《きも》ちになったのです。

白《しろ》い杖《つえ》を使《つか》うことが「なぜ、恥《は》ずかしいんだろう?」と、わたしたちは思《おも》います。

でも、五十歳《さい》をはるかにすぎた熊澤《くまざわ》さんが、白《しろ》い杖《つえ》をついて歩《ある》くところを人《ひと》に見《み》られたくない、と思《おも》ったのです。

長年《ながねん》いっしょに暮《く》らしている瑛子《えいこ》さんには、その気持《きも》ちはよくわかりました。

でも、まだわかい英幸《ひでゆき》くんは、思《おも》ったことをずばずばといいます。

「父《とう》さん、杖《つえ》なんかついたら、カッコわるいよ」

「そうだなあ……。あんまりカッコいいとはいえないな」

長男《ちょうなん》の保幸《やすゆき》くんは、お父《とう》さんのそばにきて話《はな》しかけます。

「杖《つえ》つくのいやだったら、ぼくがいっしょに歩《ある》いてあげるよ」

「ありがとう。でもねえ……」

いくらそういってくれても、毎日《まいにち》、息子《むすこ》さんにつきそってもらうわけにもいきません。

保幸《やすゆき》くんだって英幸《ひでゆき》くんだって、大学《だいがく》に行《い》ったり、友達《ともだち》とつきあったり、自《じ》分《ぶん》たちの生活《せいかつ》もあるのです。

初《はじ》めから目《め》が見《み》えない方《かた》たちが、自由自在《じゆうじざい》に使《つか》いこなす便利《べんり》な白杖《はくじょう》も、中途《ちゅうと》失明《しつめい》の熊澤《くまざわ》さんにとっては苦痛《くつう》の種《たね》でした。

でも、人《ひと》はいつかは決心《けっしん》しなければなりません。

「いつまでも人《ひと》に頼《たよ》っているわけにはいかないぞ。白杖《はくじょう》を使《つか》ってひとりで行動《こうどう》しなければ！」

ある日《ひ》、熊澤《くまざわ》さんは、思《おも》いきって白杖《はくじょう》をもって、外出《がいしゅつ》することにしました。

でも、どうしても白杖《はくじょう》を使《つか》っているところを近所《きんじょ》の人《ひと》に見《み》られたくありませんでした。

熊澤《くまざわ》さんの白杖《はくじょう》は、四つにたためるようになっていました。

そこで熊澤《くまざわ》さんは、自宅《じたく》を出《で》るときに、白杖《はくじょう》をたたんでカバンの中《なか》にしまいました。

玄関《げんかん》を出《で》ると熊澤《くまざわ》さんは、道《みち》の角《かど》をつたっておそるおそる道《みち》をさぐり、家《いえ》からはなれたところまで行《い》ってから、ようやく白杖《はくじょう》をとりだすのです。

帰《かえ》るときも同《おな》じです。家《いえ》に近《ちか》づくとあたりを見《み》まわして、杖《つえ》をしまって帰宅《きたく》するのです。

「なさけない！」

そんな自分《じぶん》が空《むな》しく思《おも》える熊澤《くまざわ》さんでした。

でも、そういう暮《く》らしをくりかえすうちに、熊澤《くまざわ》さんの心《こころ》に、ある変化《へんか》がでてきました。

それは、静岡《しずおか》の盲学校《もうがっこう》に行《い》ったことがきっかけでした。

そこには、熊澤《くまざわ》さんと同《おな》じ網膜色素変性症《もうまくしきそへんせいしょう》にかかった若《わか》い人《ひと》が何人《なんにん》かいました。

もっと小《ちい》さい子《こ》どももいました。

でも、それぞれが自分《じぶん》の症状《しょうじょう》を受《う》け入《い》れて、目《め》が見《み》えないことをカバーするための勉強《べんきょう》にはげみ、明《あか》るい気持《きも》ちで生活《せいかつ》していたのです。

あとになって熊澤《くまざわ》さんは、そのころのことを思《おも》い出《だ》してこう言《い》います。

「わたしの目《め》が見《み》えなくなったのは、五十代《だい》の後半《こうはん》です。息子《むすこ》たちも成長《せいちょう》し、家《いえ》のローンも終《お》わっていました。働《はたら》けなくてもなんとか暮《く》らしていけます。でも、この病気《びょうき》にかかっている若《わか》い人《ひと》のことを思《おも》うと、たまらない気持《きも》ちになりました」

それと同時《どうじ》に、熊澤《くまざわ》さんは思《おも》いました。

(こんなことに負《ま》けてはいられない。あしたから堂々《どうどう》と白杖《はくじょう》を使《つか》って歩《ある》いてみよう!)

熊澤《くまざわ》さんは、いつまでも家族《かぞく》にたよっていないで、自分《じぶん》の暮《く》らしを自分《じぶん》で守《まも》らなくてはと、ふかく心《こころ》に決《き》めたのです。

12 盲導犬《もうどうけん》がほしい!

そんなある日《ひ》のことでした。熊澤《くまざわ》さんは、ふとしたことから名古屋市《なごやし》にある中部盲導犬協会《ちゅうぶもうどうけんきょうかい》のことを耳《みみ》にしました。

「盲導犬《もうどうけん》か! すばらしいなあ。もし、盲導犬《もうどうけん》を使《つか》って歩《ある》くことができたらどんなにいいだろう」

なんでもすぐに実行《じっこう》にうつす熊澤《くまざわ》さんです。まず「104番《ばん》」に電話《でんわ》して協会《きょうかい》の電話番号《でんわばんごう》を聞《き》きました。

教《おし》えられた電話番号《でんわばんごう》にダイヤルすると、職員《しょくいん》の方《かた》がすぐに出《で》て、親切《しんせつ》に対応《たいおう》してくれました。

「申請書《しんせいしょ》をお送《おく》りしますから、記入《きにゅう》してこちらに送《おく》り返《かえ》してください。また、ご連絡《れんらく》を差《さ》し上《あ》げます」

そうは言《い》っても、そう簡単《かんたん》に盲導犬《もうどうけん》は手《て》に入《はい》りません。中部盲導犬協会《ちゅうぶもうどうけんきょうかい》が、盲導犬《もうどうけん》を育成《いくせい》するための費用《ひよう》の九〇パーセントは市民《しみん》の寄付《きふ》や、募金活動《ぼきんかつどう》でまかなわれています。

ボランティアが行《おこ》なう廃品回収《はいひんかいしゅう》や、バザーの売上金《うりあげきん》もすべて役《やく》にたてます。

でも、一頭《とう》の盲導犬《もうどうけん》を育《そだ》てるためには、三〇〇万円《まんえん》ぐらいのお金《かね》がかかるのです。

熊澤《くまざわ》さんのように、盲導犬《もうどうけん》がほしいと思《おも》っても、すべての人《ひと》に盲導犬《もうどうけん》を貸《か》し出《だ》すことはできません。盲導犬《もうどうけん》をほしいという人《ひと》に対《たい》して、盲導犬《もうどうけん》の数《かず》が圧倒的《あっとうてき》に足《た》りないからです。

協会《きょうかい》の人《ひと》と話《はなし》をしただけなのに、熊澤《くまざわ》さんの心《こころ》には、ぽっかりと希望《きぼう》の明《あ》かりがともりました。

「よし、こうしてはいられない。とにかく中部盲導犬協会《ちゅうぶもうどうけんきょうかい》までいってみよう」

熊澤《くまざわ》さんは、新幹線《しんかんせん》に乗《の》って名古屋駅《なごやえき》で下車《げしゃ》し、在来線《ざいらいせん》を乗《の》りつぎ、杖《つえ》をこつこつと鳴《な》らして、中部盲導犬協会《ちゅうぶもうどうけんきょうかい》の中《なか》に入《はい》っていきました。

それから何日《なんにち》かたちました。熊澤《くまざわ》さんの生活《せいかつ》の環境《かんきょう》を調《しら》べるために、協会《きょうかい》から係《かかり》の人《ひと》が静岡《しずおか》までやってきました。

熊澤《くまざわ》さんに盲導犬《もうどうけん》を貸与《たいよ》するための活動《かつどう》がはじまったのです。

それからの毎日《まいにち》、熊澤《くまざわ》さんは、協会《きょうかい》からの連絡《れんらく》を待《ま》ちつづけました。一日《にち》が百日《ひゃくにち》ぐらいにも感《かん》じられる期待《きたい》の日々《ひび》でした。

そしてある朝《あさ》、とうとう中部盲導犬協会《ちゅうぶもうどうけんきょうかい》から電話《でんわ》がかかったのです。

胸《むね》をどきどきさせながら受話器《じゅわき》をとると、当時《とうじ》、盲導犬訓練《もうどうけんくんれん》センターの所長《しょちょう》だった河西光《かわにしひかる》さんのはずむような声《こえ》がとびこんできました。

「熊澤《くまざわ》さん！　ワンちゃんの準備《じゅんび》ができましたよ。四十日間《にちかん》の共同訓練《きょうどうくんれん》に入《はい》りますから、協会《きょうかい》においでください」

「はい。わかりました。荷物《にもつ》の準備《じゅんび》をしてすぐにうかがいます」

一か月分《げつぶん》の生活《せいかつ》に必要《ひつよう》な身支度《みじたく》をととのえた熊澤《くまざわ》さんは、はりきって中部盲《ちゅうぶもう》導犬協会《どうけんきょうかい》まで行《い》きました。

さっぱりとした個室《こしつ》。熊澤《くまざわ》さんのベッドが準備《じゅんび》され、かたすみにはぴかぴか

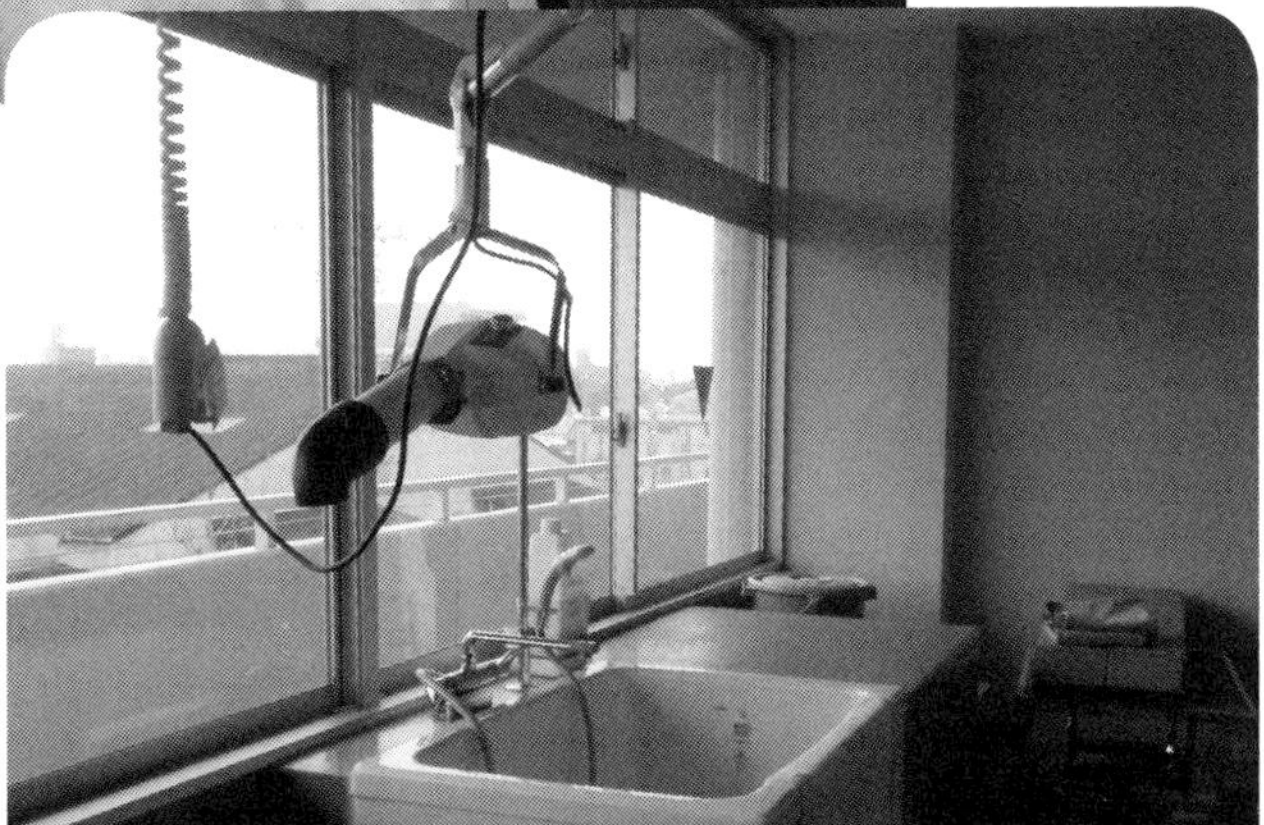

訓練《くんれん》のあいだは中部盲導犬協会《ちゅうぶもうどうけんきょうかい》の部屋《へや》に泊《と》まりこみです。
ベッドから犬《いぬ》のシャワーまで、必要《ひつよう》なものがそろっています。

の、犬用《いぬよう》のトイレが置《お》かれています。

「この部屋《へや》で、ワンちゃんといっしょに暮《く》らすんだなあ」

熊澤《くまざわ》さんは、手《て》さぐりで荷物《にもつ》の整理《せいり》をしながら、共同訓練《きょうどうくんれん》に入《はい》るための心《こころ》の準備《じゅんび》をしました。

共同訓練《きょうどうくんれん》は、盲導犬《もうどうけん》の訓練《くんれん》にとって、もっとも大切《たいせつ》な最後《さいご》の仕上《しあ》げです。きびしい訓練《くんれん》に合格《ごうかく》した犬《いぬ》が、ユーザーさんといっしょに歩《ある》けるようになってこそ、はじめて盲導犬《もうどうけん》としての活動《かつどう》ができるようになるのです。

熊澤《くまざわ》さんたちの共同訓練《きょうどうくんれん》は、四人《にん》ひと組《くみ》で、行《おこ》なわれました。

犬《いぬ》に会《あ》えるのは、二日《ふつか》あとだということでした。

みんなで寝起《ねお》きをともにして、期待《きたい》に胸《むね》をおどらせます。

「どんなワンちゃんがくるかな？」

「おすかな？　めすかな？」

「何色《なにいろ》かな？」

「なんていう名前《なまえ》かな？」

二日目《ふつかめ》のお昼《ひる》ごはんがすんだときでした。

河西所長《かわにししょちょう》さんからお話《はなし》がありました。

「きょうは、みなさんに犬《いぬ》があたえられますよ。楽《たの》しみにして、それぞれの部《へ》屋《や》でまっていてください」

午後《ごご》一時《じ》すぎでした。ドアの向《む》こうで声《こえ》がしました。

「ワンちゃんが来《き》てますよ！　名前《なまえ》をよんでください。サフィーです」

熊澤《くまざわ》さんは、しゃがみこんで、いちど頭《あたま》のなかで（サフィー）といってから、思《おも》わず手《て》をたたき、口《くち》にしました。

「サフィー！」

サフィーが飛《と》び込《こ》んできました。

熊澤《くまざわ》さんはさけびました。

「わあ、すばらしい！　盲導犬《もうどうけん》だ、サフィーかあ」

つやつやしたサフィーの背中《せなか》の感触《かんしょく》。首《くび》、耳《みみ》、ひんやりした鼻《はな》。

「うれしいなあ、サフィー！　よろしくたのむよ」

熊澤《くまざわ》さんは、サフィーをしっかりとだきしめました。

13 新《あたら》しいリーダー

毎日《まいにち》の訓練《くんれん》がはじまりました。街《まち》を歩《ある》くことはもちろん、すべてがサフィーといっしょの暮《く》らしです。

朝《あさ》いちばんに行《おこ》なう排便《はいべん》にはじまって、部屋《へや》のそうじ、食事《しょくじ》、ブラッシング、シャンプー。

シャンプー、これがなかなか大変《たいへん》でした。

シャワーで流《なが》して、シャンプー剤《ざい》をつけて、体《からだ》を洗《あら》ってやるのですが、なかには、全身《ぜんしん》をぶるぶると、ふるわせる犬《いぬ》もいます。

「きゃー！　あぶくだらけだよー」

「いいなあ。サフィーちゃんはおとなしくて……」

とたんにこんどは、サフィーが思《おも》いきり、ぶるぶるとやって、熊澤《くまざわ》さんも、全身《ぜんしん》あぶくだらけです。

訓練《くんれん》に出《で》かける前《まえ》の排便《はいべん》も、なかなかうまくいきません。

訓練士《くんれんし》さんのトレーニングでトイレになれているワンちゃんも、新米《しんまい》のリーダーさんでは、うまくいかないときもあります。

加藤《かとう》さんは、熊澤《くまざわ》さんとサフィーのようすを観察《かんさつ》しながら、少《すこ》しずつ、リーダーが加藤《かとう》さんから熊澤《くまざわ》さんに移《うつ》っていくことをサフィーに悟《さと》らせていきます。

新《あたら》しいリーダーと、ワンちゃんの心《こころ》がひとつになったとき、はじめて犬《いぬ》はリラックスして、むずかしい訓練《くんれん》もこなすようになるのです。

雑踏《ざっとう》、デパート、エスカレーター、バス、地下鉄《ちかてつ》、交差点《こうさてん》……。

降《お》りる階段《かいだん》の前《まえ》では止《と》まります。上《のぼ》り階段《かいだん》では、足《あし》を一歩《ぽ》、階段《かいだん》にかけて待《ま》ちます。

進《すす》む、止《と》まる、障害物《しょうがいぶつ》をよける。毎日《まいにち》の訓練《くんれん》で、加藤訓練士《かとうくんれんし》さんといっしょに勉強《べんきょう》した訓練《くんれん》の成果《せいか》があらわれてきます。

サフィーのいた時代《じだい》には、職員《しょくいん》は十人《にん》ほどでした。食事《しょくじ》をまかなってくれる人《ひと》もいませんでしたから、朝《あさ》、食堂《しょくどう》でいっしょに食《た》べる朝食《ちょうしょく》は、職員《しょくいん》が持《も》ち回《まわ》りで作《つく》っていました。

「わあ、おいしい！　朝《あさ》からミネストローネなんて」

トマトや野菜《やさい》の入《はい》ったスープは大好評《だいこうひょう》です。

「すみませんね。こんなことまでしていただいて……」

料理《りょうり》が得意《とくい》でない加藤《かとう》さんも、魚《さかな》をやいてご馳走《ちそう》しました。

講義《こうぎ》もあります。地図《ちず》の勉強《べんきょう》もあります。

熊澤《くまざわ》さんは、岐阜《ぎふ》からきた人《ひと》と気《き》が合《あ》って仲《なか》よしになりました。

休《きゅう》けい時間《じかん》には、お昼《ひる》に食《た》べるおにぎりやお弁当《べんとう》を、いっしょに買《か》いに行《い》ったり、おしゃれなカフェで、コーヒーをのんだり、とても楽《たの》しい時間《じかん》をすごしました。

訓練《くんれん》も後半《こうはん》に入《はい》ると、しだいに加藤《かとう》さんの手《て》をはなれて、自分《じぶん》で犬《いぬ》をコントロールすることになれていきます。

そんなときにも加藤《かとう》さんは、熊澤《くまざわ》さんとサフィーから目《め》をはなさず、うしろから歩《ある》いてキケンがないように、そっと見守《みまも》ってくれるのです。

訓練《くんれん》は、静岡《しずおか》の熊澤《くまざわ》さんの自宅《じたく》まで出張《しゅっちょう》しても行《おこ》ないました。サフィーは初《はじ》めて見《み》る熊澤《くまざわ》さんの家《いえ》にきょろきょろしながらも、新《あたら》しいご主人《しゅじん》といっしょに行動《こうどう》することを確実《かくじつ》におぼえていきました。

加藤《かとう》さんの講義《こうぎ》は、ユニークで、なかなかおもしろいです。

杖《つえ》と盲導犬《もうどうけん》のちがいについて、こんなふうに話《はな》します。

「みなさん、盲導犬《もうどうけん》ばかりがいいんじゃないんですよ。もともと白杖《はくじょう》になれていらっしゃる方《かた》には、杖《つえ》のほうが便利《べんり》かもしれません。ふだんは戸棚《とだな》にしまっておいて、使《つか》うときにだけ出《だ》してきて、ぱっと使《つか》えばいいんですから。

そのてん、生《い》き物《もの》は手間《てま》がかかります。エサも食《た》べるし、排泄《はいせつ》もする。シャンプー、ドライヤー、ブラッシング。遊《あそ》んでやったり、散歩《さんぽ》に行《い》ったり、ごきげんとりもたいへんです。

でも、盲導犬《もうどうけん》を使《つか》うことで、行動範囲《こうどうはんい》が広《ひろ》がります。ひとりでさっそうと街《まち》

サフィー、熊澤《くまざわ》さんの部屋《へや》は覚《おぼ》えたかな？

を歩《ある》けるようになります。外出《がいしゅつ》が楽《たの》しくなって、運動不足《うんどうぶそく》も解消《かいしょう》します。人《ひと》に話《はな》しかけられる機会《きかい》も多《おお》くなり、孤独感《こどくかん》もなくなります。新《あたら》しい出会《であ》いがたくさんふえて、心《こころ》の支《ささ》えにもなるんですよ」

加藤《かとう》さんの言《い》うとおりでした。

訓練《くんれん》をぶじに終《お》わり「卒業式《そつぎょうしき》」も終《お》えた熊澤《くまざわ》さんとサフィーは、静岡《しずおか》に戻《もど》るとすぐに、活躍《かつやく》するようになりました。

名古屋《なごや》に用事《ようじ》ができれば、迷《まよ》うことなく、サフィーを連《つ》れて、東名高速《とうめいこうそく》の吉《よし》田《だ》バス停《てい》から超特急《ちょうとっきゅう》のバスに乗《の》ります。

盲導犬《もうどうけん》を使用《しよう》していることで頼《たの》まれる仕事《しごと》も出《で》てきました。

三島市《みしまし》にあるJR《ジェイアール》東海《とうかい》の社員研修《しゃいんけんしゅう》センターにも、年《ねん》に何回《なんかい》か行《い》き、自分《じぶん》の体験《たいけん》を語《かた》り、目《め》の不自由《ふじゆう》な人《ひと》たちにどう接《せっ》すればいいか、どんな工夫《くふう》が必要《ひつよう》か、社員研修《しゃいんけんしゅう》のお手伝《てつだ》いをします。

一年《ねん》もたつと、サフィーは、地元《じもと》のちょっとした有名人《ゆうめいじん》。いや、有名犬《ゆうめいけん》になりました。

校区《こうく》のいくつかの小学校《しょうがっこう》にも、熊澤《くまざわ》さんといっしょに出《で》かけて、「社会《しゃかい》」の勉強《べんきょう》を子《こ》どもたちに教《おし》えます。

三年生《ねんせい》の「社会《しゃかい》」には、盲導犬《もうどうけん》のことを勉強《べんきょう》する時間《じかん》があるからです。

そんなときにもサフィーは、超人気犬《ちょうにんきけん》です。

あっというまに子《こ》どもたちが、サフィーのそばに集《あつ》まってきます。

熊澤《くまざわ》さんは、そのときのことをこんなふうに話《はな》します。

「学校《がっこう》にいったときにはね。ちょっとだけ、ルール違反《いはん》して、子《こ》どもたちを犬《いぬ》と遊《あそ》ばせてあげるんですよ。子《こ》どもたちは犬《いぬ》にさわりたくても、先生《せんせい》に言《い》われてるから、じっとがまんして見《み》てるでしょ。だから、ぼくはいうんです。いいよ、ちょっとだけならさわってもって」

「すると？」

「もうたいへん！　とたんにみんながわーっ、とかけよってきて、もみくちゃ。わあ、頭《あたま》つるつるだあ！　とか、勝手《かって》なことをいうんですよ。子《こ》どもはかわいいねえ」

14 あのサフィーか？

二〇〇八年《ねん》（平成《へいせい》二十年《ねん》）の二月《がつ》五日《いつか》。中日新聞《ちゅうにちしんぶん》の夕刊《ゆうかん》をよんでいた林《はやし》宗弘先生《むねひろせんせい》の目《め》が、紙面《しめん》にくぎ付《づ》けになりました。

「まさか！　あのサフィーか？」

紙面《しめん》には『盲導犬事故死《もうどうけんじこし》で提訴《ていそ》』という大《おお》きな見出《みだ》しで、サフィーの交通事《こうつうじ》

（前略《ぜんりゃく》）――

「二〇〇五年《ねん》九月《がつ》二十六日《にち》午前《ごぜん》十時《じ》ごろ、静岡県吉田町《しずおかけんよしだちょう》の信号交差点《しんごうこうさてん》で、横断歩道《おうだんほどう》を渡《わた》っていた視覚障害者《しかくしょうがいしゃ》の男性《だんせい》（71歳）と盲導犬《もうどうけん》「サフィー」（メス六歳《さい》、ラブラドール・レトリバー）が、右折《うせつ》してきた大型《おおがた》トラックにはねられた。男性《だんせい》の前《まえ》にサフィーが立《た》ちはだかったため、トラックはサフィーをはね飛《と》ばし、その後男性《ごだんせい》をひいた。サフィーが緩衝材《かんしょうざい》のような役割《やくわり》をしたせいか、男性《だんせい》は頭《あたま》など強《つよ》く打《う》つ全治《ぜんち》二か月《げつ》の重傷《じゅうしょう》を負《お》ったものの、命《いのち》に別条《べつじょう》はなかった。サフィーは即死《そくし》した」

――（後略《こうりゃく》）

故《こ》のニュースが載《の》っていたからです。

ショックが林先生《はやしせんせい》の全身《ぜんしん》をおそいました。

サフィーが死《し》んでいた。しかも二年半《ねんはん》も前《まえ》に。

「知《し》らなかった！　事故《じこ》のニュースを見落《みお》としていたんだろうか？　サフィーは、今《いま》も元気《げんき》に、どこかで活動《かつどう》しているとばかり思《おも》っていたのに……」

前《まえ》に書《か》いたように、贈呈《ぞうてい》した子犬《こいぬ》についてのその後《ご》の情報《じょうほう》は、たとえ、子《こ》どもたちがボランティア活動《かつどう》で寄付《きふ》した犬《いぬ》であっても、知《し》らされないのが当《あ》たり前《まえ》なのです。

どんなパピーウォーカーさんに育《そだ》てられたのか？

飼《か》い主《ぬし》はどこのどんな人《ひと》なのか？

ほんとをいうと、サフィーが盲導犬《もうどうけん》になれたのか、あるいはなれなかったのかということさえ、林先生《はやしせんせい》に連絡《れんらく》はないのです。

でも、サフィーの場合《ばあい》「あの子《こ》は盲導犬《もうどうけん》になれたらしいよ」という、うわさ話《ばなし》が、風《かぜ》の便《たよ》りに聞《き》こえてきました。

それで、林先生《はやしせんせい》も、当時《とうじ》のボランティアクラブの児童《じどう》たちも、サフィーは、どこかで盲導犬《もうどうけん》としての役割《やくわり》をりっぱにはたしているものと思《おも》いこんでいたのです。

「それが三年《ねん》ちかくも前《まえ》に、交通事故《こうつうじこ》で亡《な》くなっていたなんて！」

しかもその記事《きじ》は、現在《げんざい》、サフィーの損害賠償《そんがいばいしょう》を求《もと》める訴《うった》えを、中部盲導《ちゅうぶもうどう》犬協会《けんきょうかい》が、名古屋《なごや》の裁判所《さいばんしょ》（名古屋地裁《なごやちさい》）に起《お》こしたことをきっかけとして、はじめて新聞《しんぶん》に掲載《けいさい》されていたのです。

サフィーを贈《おく》ったあとも、次々《つぎつぎ》に募金活動《ぼきんかつどう》をすすめ、何頭《なんとう》もの子犬《こいぬ》を盲導犬《もうどうけん》協会《きょうかい》に贈呈《ぞうてい》しつづけてきた林先生《はやしせんせい》にとって、それは、悲《かな》しいだけではすまされない、ショッキングなニュースでした。

交通事故死《こうつうじこし》のニュースなどは、いまどき、人間《にんげん》であってもめずらしくありません。

たかが盲導犬《もうどうけん》の死《し》など、紙面《しめん》をさいて報道《ほうどう》する値打《ねう》ちもないという人《ひと》がいるかもしれません。

でも林先生《はやしせんせい》は、サフィーが『盲導犬《もうどうけん》サーブ』のように、飼《か》い主《ぬし》を守《まも》って死《し》んでいったことが、いじらしく、かわいそうでたまりませんでした。

おまけに記事《きじ》によると、サフィーの命《いのち》の価格《かかく》は、せいぜい十万円《まんえん》か二十万円《まんえん》というのが、事故《じこ》を起《お》こした運輸会社《うんゆがいしゃ》の発想《はっそう》だったのです。

「これが日本《にほん》の福祉《ふくし》なのだろうか?」

複雑《ふくざつ》な思《おも》いが、林先生《はやしせんせい》の頭《あたま》をよぎりました。

林先生《はやしせんせい》のほかにも、この記事《きじ》に驚《おどろ》いた人《ひと》たちがたくさんいました。

事件《じけん》は、テレビのニュースでも放送《ほうそう》されたので、それで気《き》がついた当時《とうじ》の児《じ》童《どう》たちも何人《なんにん》かありました。

小学生《しょうがくせい》のころ、盲導犬贈呈《もうどうけんぞうてい》のボランティア活動《かつどう》に参加《さんか》していた、永田結香《ながたゆか》さんもそのひとりです。

高校生《こうこうせい》に成長《せいちょう》していた結香《ゆか》さんの投書《とうしょ》が、三月三日付《がつみっかづけ》の中日新聞《ちゅうにちしんぶん》の投書欄《とうしょらん》に掲載《けいさい》されました。

サフィーの事故《じこ》を知った林宗弘先生《はやしむねひろせんせい》は、その後《ご》もずっとサフィーのことが頭《あたま》からはなれませんでした。

できればサフィーの飼《か》い主《ぬし》さんに会《あ》って、サフィーについて聞《き》きたいと思《おも》いました。

「当時《とうじ》、ボランティア活動《かつどう》にはげんだ子《こ》どもたちにも、サフィーの元気《げんき》だった

永田結香《ながたゆか》　高校生《こうこうせい》　18（愛知県豊田市《あいちけんとよたし》）

本紙《ほんし》を見《み》て驚《おどろ》きました。「盲導犬《もうどうけん》サフィー」の名《な》前《まえ》をみつけたからです。サフィーは私《わたし》が小学《しょうがく》三年《ねん》のとき、ボランティアクラブの人《ひと》たちが、中部《ちゅうぶ》盲導犬《もうどうけん》協会《きょうかい》に贈呈《ぞうてい》した子犬《こいぬ》です。

十五万円《まんえん》の費用《ひよう》を集《あつ》めるために、公民館祭《こうみんかんさい》で募《ぼ》金集《きんあつ》めをしたり、お店《みせ》に募金箱《ぼきんばこ》を置《お》かせてもらったりして、一年《ねん》かけて集《あつ》めました。

私《わたし》はまだ小《ちい》さかったので募金《ぼきん》に協力《きょうりょく》することぐらいしかできませんでしたが、とても愛着《あいちゃく》があります。

サフィーという名前《なまえ》は、当時《とうじ》一年生《ねんせい》の女《おんな》の子《こ》がつけました。お父《とう》さんがアフリカで暮《く》らしたことがあり、スワヒリ語《ご》で「美《うつく》しい」という意味《いみ》だそうです。

サフィーは、私《わたし》たちみんなの夢《ゆめ》を集《あつ》めた犬《いぬ》でした。命《いのち》をかけて主人《しゅじん》を守《まも》ったのは立派《りっぱ》ですが、二年半《ねんはん》も前《まえ》に死《し》んでいたなんて、とても悲《かな》しくなります。もっと生《い》きて活躍《かつやく》してほしかったと思《おも》うと残念《ざんねん》でなりません。

ころの話《はなし》をきかせてやりたい……」

そういう思《おも》いは、日《ひ》がたつにつれて、かえって強《つよ》くなっていきました。

でも、林先生《はやしせんせい》の思《おも》いはなかなか実現《じつげん》しません。

勤務《きんむ》していた学校《がっこう》が、前山小学校《まえやましょうがっこう》から上鷹見小学校《かみたきみしょうがっこう》にかわりました。新《あたら》しい学校《がっこう》は、ササユリの保護活動《ほごかつどう》で知《し》られた学校《がっこう》です。

里山《さとやま》の自然《しぜん》のなかの小《ちい》さな学校《がっこう》は「環境学習《かんきょうがくしゅう》」に力《ちから》をいれており、子犬《こいぬ》を贈《おく》るボランティア活動《かつどう》は二年目《ねんめ》からは続《つづ》けられなくなりました。

長《なが》いあいだ、盲導犬《もうどうけん》の贈呈活動《ぞうていかつどう》に力《ちから》をいれていた林先生《はやしせんせい》でしたから、これにはちょっとめげました。

でも、ここでへっこむ先生《せんせい》ではありません。

心機一転《しんきいってん》「それなら環境活動《かんきょうかつどう》をがんばるぞ!」とばかり、学校周辺《がっこうしゅうへん》の里山《さとやま》で、児童《じどう》を動員《どういん》して、水生生物《すいせいせいぶつ》や植物《しょくぶつ》を守《まも》るための「学校《がっこう》ビオトープ」づくりにはげみました。

休耕田《きゅうこうでん》を利用《りよう》してつくった「きらきら池《いけ》」や「どきどき池《いけ》」。

「きらきら池《いけ》」にはオオガハスが咲《さ》き、カルガモがやってきました。

「どきどき池《いけ》」には、絶滅寸前《ぜつめつすんぜん》のカワバタモロコが卵《たまご》を生《う》み、植物《しょくぶつ》のサギソウやシデコブシも、しげるようになりました。

それだけではありません。「どきどき池《いけ》」のとなりの休耕田《きゅうこうでん》を借《か》りて「田《た》んぼの水族館《すいぞくかん》」までつくっちゃったんです。

機械化《きかいか》が進《すす》んだ今《いま》は、稲刈《いねか》りがすむと田《た》んぼの水《みず》をぬくのがふつうです。でも、水《みず》をのこしておいてやれば、メダカやドジョウも生《い》きのこれるでしょう。

林先生《はやしせんせい》は、六年生《ねんせい》の児童《じどう》たちといっしょに、森《もり》の木《き》を間伐《かんばつ》したり、池《いけ》や田《た》んぼで泥《どろ》まみれになって働《はたら》きました。

そんな日々《ひび》のなかでも林先生《はやしせんせい》は、いつかサフィーのユーザーさんに会《あ》って、サフィーが前山小学校《まえやましょうがっこう》の募金活動《ぼきんかつどう》で贈《おく》られた犬《いぬ》であったことを伝《つた》え、当時《とうじ》ボランティア活動《かつどう》をしていた子《こ》どもたちを紹介《しょうかい》できたらうれしいな、と思《おも》いつづけていました。

そして、思《おも》いがけなく林先生《はやしせんせい》の望《のぞ》みがかなうきっかけが、おとずれたのです。豊田市《とよたし》で盲導犬《もうどうけん》の使用者《しようしゃ》である古家千恵美《ふるいえちえみ》さんと知《し》り合《あ》いだった林先生《はやしせんせい》は、古家《ふるいえ》さんにサフィーのユーザーさんについて何《なに》か知《し》っていることはないかとたずねてみたのです。

すると、なんと、ユーザーの熊澤尚《くまざわひさし》さんと古家《ふるいえ》さんが知《し》り合《あ》いで、メールの交換《こうかん》をしていることがわかったのです。

「ああ、そうでしたか！　熊澤《くまざわ》さんは静岡《しずおか》で暮《く》らされているんですね」

林先生《はやしせんせい》は、さっそく熊澤《くまざわ》さんのメールアドレスを教《おし》えてもらいました。

林《はやし》先生《せんせい》。封筒《ふうとう》とどきました。ご多忙《たぼう》のところ本当《ほんとう》にありがとうございました。

サフィーの新聞記事《しんぶんきじ》を家内《かない》に読《よ》んでもらいましたが、読《よ》んでいる家内《かない》も鼻《はな》をすすり涙《なみだ》を拭《ふ》きながらの朗読《ろうどく》なので、聞《き》いている僕《ぼく》も胸《むね》が熱《あつ》くなりもう大変《たいへん》でした。二度《ど》三度《ど》と読《よ》んでもらいました。

共《とも》に過《す》ごした五年《ねん》あまりの歳月《としつき》の日々《ひび》のできごとを思《おも》い出《だ》してまた涙《なみだ》……。

いただいた写真《しゃしん》、新聞記事《しんぶんきじ》は大切《たいせつ》に保存《ほぞん》します。

もしも機会《きかい》がありましたら、当時《とうじ》の子《こ》どもたちに会《あ》うことができたら感謝《かんしゃ》の気持《きも》ちを述《の》べたいです。サフィーがきっとそのような縁《えん》を運《はこ》んでくれたのかも！

先生《せんせい》、ほんとうにありがとうございました。

やがてメールのやりとりがはじまり、熊澤《くまざわ》さんの住所《じゅうしょ》や電話番号《でんわばんごう》を聞《き》いた林《はやし》先生《せんせい》は、サフィーを贈呈《ぞうてい》したときの写真《しゃしん》や新聞記事《しんぶんきじ》、雑誌《ざっし》、事故《じこ》のニュースの記事《きじ》などをコピーして、ていねいな手紙《てがみ》といっしょに熊澤《くまざわ》さんに送《おく》りました。

林先生《はやしせんせい》の心《こころ》にうたれた熊澤《くまざわ》さんは、目《め》の不自由《ふじゆう》な方《かた》たちが使《つか》う音声《おんせい》パソコンで、こんなメールを林先生《はやしせんせい》に送《おく》りました。

15 事故《じこ》の真相《しんそう》

サフィーの命《いのち》をうばった交通事故《こうつうじこ》は、熊澤《くまざわ》さんの家《いえ》から歩《ある》いて五分《ふん》ほどの横断歩道《おうだんほどう》で起《お》こりました。

そのときのニュースは、地元《じもと》の夕刊《ゆうかん》とテレビニュースで小《ちい》さく伝《つた》えられただけだと、熊澤《くまざわ》さんは話《はな》します。

「個人名《こじんめい》は出《だ》さず、ただ「老人《ろうじん》。視覚障害者《しかくしょうがいしゃ》はねられる。盲導犬《もうどうけん》は即死《そくし》」という程度《ていど》でした」

事故《じこ》のときの詳《くわ》しい記事《きじ》は、その後《ご》、中部盲導犬協会《ちゅうぶもうどうけんきょうかい》が、サフィーの命《いのち》の安《やす》さに、訴《うった》えをおこしたときになってはじめて大《おお》きく新聞《しんぶん》やテレビで一般《いっぱん》に知《し》らされました。

この訴《うった》えがなければ、サフィーの事故死《じこし》は、サフィーを贈《おく》ったボランティアクラブの児童《じどう》たちはもちろん、ほとんどの人《ひと》が知《し》る機会《きかい》はなかったのです。

熊澤《くまざわ》さんが話《はな》してくれた事故《じこ》の真相《しんそう》はこうです。

「わたしがハーネスを左手《ひだりて》に、サフィーといっしょに横断歩道《おうだんほどう》を歩《ある》いているとき、右折《うせつ》してきた大型《おおがた》トラックがつっこんできました。

トラックの正面《しょうめん》、運転席《うんてんせき》の真下《ました》にぶつかって、サフィーは五メートルぐらいはねとばされた。わたしは九メートルです。そのとき、救急隊《きゅうきゅうたい》の人《ひと》に聞《き》かれて、名前《なまえ》や生年月日《せいねんがっぴ》を答《こた》えたらしいですが、なにも覚《おぼ》えていません。ですからこれはあとからの推察《すいさつ》ですが、はねとばされてよかったんです。でなければひかれていたでしょう。サフィーもわたしもひかれてはいません」

熊澤《くまざわ》さんは、顔面《がんめん》を強《つよ》く打《う》って、鼻《はな》が折《お》れました。前歯《まえば》も五本折《ほんお》れて、ひどい出血《しゅっけつ》です。意識不明《いしきふめい》のまま、救急車《きゅうきゅうしゃ》で地元《じもと》の病院《びょういん》に運《はこ》ばれましたが、そこには脳外科《のうげか》がなかったので、島田市《しまだし》の病院《びょういん》に一か月間《げつかん》入院《にゅういん》しました。

最初《さいしょ》の一週間《しゅうかん》は絶対安静《ぜったいあんせい》で、身動《みうご》きすることもできませんでした。けれども二週間《しゅうかん》ちかくたつと、首《くび》にはめられた固《かた》いものも取《と》れ、少《すこ》しずつ意《い》識《しき》もはっきりとしてきたそうです。

そうなると、まっさきに気《き》になったのがサフィーのことでした。うわごとでも「サフィー、サフィー」と、サフィーのことばかり言《い》っていたそうです。

熊澤《くまざわ》さんは、病院《びょういん》に見舞《みま》いにくる家族《かぞく》に、サフィーがどうなったかを何回《なんかい》もたずねました。

でも、そのたびに返《かえ》ってくる返事《へんじ》が違《ちが》いました。

「保幸《やすゆき》、サフィーはどうなったの？」

「ええと……。動物病院《どうぶつびょういん》にいるよ。たいしたことないから心配《しんぱい》しないで」

「でも、どんな状態《じょうたい》なの？　どこをけがしたの？」

「うん。ちょっとね……」

瑛子《えいこ》さんにたずねても、英幸《ひでゆき》くんに聞《き》いても、それぞれ違《ちが》った返事《へんじ》がもどってきます。

（これはおかしいな？）と、熊澤《くまざわ》さんは思《おも》いました。

でも、これ以上《いじょう》、問《と》いつめたら、妻《つま》や子《こ》を苦《くる》しめることになる。

熊澤《くまざわ》さんとサフィーがトラックにはねられる事故《じこ》にあった交差点《こうさてん》

家族《かぞく》をつらい立場《たちば》に立《た》たせたくない。そう思《おも》った熊澤《くまざわ》さんは、サフィーのことを聞《き》くのをやめました。

傷《きず》がよくなってきたある日《ひ》、瑛子《えいこ》さんが、ふっともらしました。

「ほんとをいうと、サフィーは天国《てんごく》にいってしまったのよ。でも即死《そくし》だったから苦《くる》しまなかった。お骨《こつ》も焼《や》いて、うちにもどってきているの」

(あ、やっぱり!)

熊澤《くまざわ》さんは、だまって顔《かお》をふせました。

(サフィーは死《し》んだのか。ぼくはこうして、日《ひ》に日《ひ》に傷《きず》がよくなっていくのに……)

とじている目《め》からあつい涙《なみだ》が、じわじわとあふれてきました。

サフィーの死後《しご》、火葬場《かそうば》に行《い》って火《ひ》をつける前《まえ》に、息子《むすこ》さんは、サフィーを見《み》せてもらったそうです。

サフィーの死因《しいん》は、はねとばされたときに、運悪《うんわる》く、ハーネスがお腹《なか》に強《つよ》くつきささったことも原因《げんいん》だったのです。

かしこいサフィーは、すばやい行動《こうどう》がとれる犬《いぬ》でした。とっさに熊澤《くまざわ》さんをふりきって逃《に》げることだってできたかもしれません。

でも、盲導犬《もうどうけん》としての訓練《くんれん》を受《う》けたサフィーは、主人《しゅじん》をキケンから守《まも》るという任務《にんむ》をまっとう中《ちゅう》だったのです。

息子《むすこ》さんたちは、火葬《かそう》する前《まえ》に、サフィーの首輪《くびわ》と鎖《くさり》をはずして、ハーネスも抜《ぬ》いて楽《らく》にしてやりたいと思《おも》いました。

保幸《やすゆき》さんは、病院《びょういん》でお父《とう》さんに報告《ほうこく》しました。

「でもね、サフィーの顔《かお》はきれいなままだったよ。ねむっているみたいに安《やす》らかで……」

「そうか……、せめてもだなあ。でも、サフィーはひとりぼっちで死《し》んだんだ。

どんな気持《きも》ちだっただろう?」

「きっと、お父《とう》さんがぶじだったこと、よろこんでくれてるよ」

「そうかなあ。でもな、サフィーがかわいそうでたまらないよ。サフィーは優秀《ゆうしゅう》な盲導犬《もうどうけん》だった。盲導犬《もうどうけん》は、どんなことがあっても飼《か》い主《ぬし》からははなれない。だからサフィーは、ぼくに命《いのち》を託《たく》して、天国《てんごく》にいってしまったんだ」

「そうね。サフィーがあなたを守《まも》ってくれたのね。はやくよくなってね。あなたが元気《げんき》になることがサフィーのねがいなのよ」

瑛子《えいこ》さんは、じっと涙《なみだ》をこらえて言《い》いました。

16 よろしく、ドーリー

それからこっち、熊澤《くまざわ》さんは、めきめきと回復《かいふく》していきました。トイレも、顔洗《かおあら》いも、食事《しょくじ》も、すべて自分《じぶん》でやるようになりました。

でも、そのあいだにも、サフィーのことが頭《あたま》からはなれることはありませんでした。

「ごめんな、サフィー。ぼくが救急病院《きゅうきゅうびょういん》に運《はこ》ばれて、離《はな》ればなれになったとき、どんな気持《きも》ちだった？　なあ、サフィー」

熊澤《くまざわ》さんは、意識《いしき》をうしなってしまったので、ひとりぼっちで死《し》んでいったサフィーをみとってあげることができませんでした。

まさかサフィーをおいて、ひとりで病院《びょういん》に行《い》くなんて考《かんが》えてもみなかった熊《くま》澤《ざわ》さんでしたから。

一か月《げつ》もたつと、けがも次第《しだい》によくなって、退院《たいいん》する日《ひ》がちかづいてきました。といっても、おれた歯《は》はもとにもどらず、四本《ほん》も抜《ぬ》き、入《い》れ歯《ば》になりました。

「さびしいな……」

病院《びょういん》の門《もん》を出《で》るときにも、いつもいっしょに歩《ある》いてくれたサフィーはもういません。

熊澤《くまざわ》さんは家族《かぞく》につきそってもらわずに、ひとりでタクシーに乗《の》りました。

そして事故《じこ》にあった横断歩道《おうだんほどう》までくると、運転手《うんてんしゅ》さんに頼《たの》んで車《くるま》を止《と》めてもらいました。

「このあたりかなあ……」

サフィーがとばされたあたりで、熊澤《くまざわ》さんはすわりこみました。

手《て》をあわせて、熊澤《くまざわ》さんは祈《いの》りました。

「サフィー、いま帰《かえ》ってきたよ。ぼくたち、ここでおわかれしたんだね。ひとりぼっちになって、さびしかっただろうね。さあ、うちへ帰《かえ》ろうね。いっしょに帰《かえ》るんだよ」

ハーネスをつけた、りりしい姿《すがた》のサフィー。

熊澤《くまざわ》さんは、命《いのち》あるものを抱《かか》えるようにして、サフィーの魂《たましい》を連《つ》れて、家《いえ》まで帰《かえ》りました。

サフィーをうしなったあとの一年間《ねんかん》は、熊澤《くまざわ》さんにとって何《なに》よりもつらい日々《ひび》でした。

ふたたび白杖《はくじょう》の生活《せいかつ》にもどった熊澤《くまざわ》さんは、いくら家族《かぞく》にはげまされても、悲《かな》しく、みじめな気持《きも》ちになっていきました。

朝《あさ》に晩《ばん》に、思《おも》い出《だ》されるのは、サフィーのことばかりです。

立《た》ち直《なお》ろうと思《おも》っても、またしても、あの悲《かな》しい事故《じこ》のことがよみがえってきてしまいます。

英幸《ひでゆき》くんは、そんなお父《とう》さんをみて、くやしがりました。

「おやじ。なんで怒《おこ》らないいんだよ。こんなひどいめにあわされたのに……。おれだったら、事故《じこ》をおこした奴《やつ》をぶんなぐってやる！」

熊澤《くまざわ》さんだってくやしさは同《おな》じです。

でも、熊澤《くまざわ》さんはこんなふうに考《かんが》えてしまう人《ひと》なのです。

「あっちだって『ひいてやろう』と思《おも》ってやったわけではない。『殺《ころ》してやろう』と、つっこんだわけではない。怒《おこ》ったところで自分《じぶん》がみじめになるだけだ」

そんなある日《ひ》、暗《くら》い気持《きも》ちを吹《ふ》きとばすような明《あか》るいニュースが舞《ま》い込《こ》みました。

「熊澤《くまざわ》さん、元気《げんき》をだしてください。新《あたら》しい犬《いぬ》の準備《じゅんび》ができましたよ。協会《きょうかい》までいらしてください」

「ほんとですか？　うれしいなあ」

熊澤《くまざわ》さんは、事故《じこ》のあと、加藤訓練士《かとうくんれんし》にお会《あ》いしたときに、できれば次《つぎ》の盲《もう》導犬《どうけん》を使《つか》いたいという話《はなし》をしていました。

でも、こんなに早《はや》くその日《ひ》がくるとは思《おも》ってもみませんでした。熊澤《くまざわ》さんは、ケガがなおって歩《ある》けるようになると、また中部盲導犬協会《ちゅうぶもうどうけんきょうかい》にも、ときどき行《い》くようになりました。

毎年《まいとし》、春分《しゅんぶん》の日《ひ》（三月二十日《がつはつか》ごろ）と秋分《しゅうぶん》の日《ひ》（九月《がつ》二十三日《にち》ごろ）には、名古屋市《なごやし》の長楽寺《ちょうらくじ》というところで、盲導犬《もうどうけん》の慰霊祭《いれいさい》があります。

そんなときにも、熊澤《くまざわ》さんは加藤《かとう》さんと会《あ》って、サフィーの思《おも》い出話《でばなし》をいろいろと話《はな》します。

げっそりやつれた熊澤《くまざわ》さんから「新《あたら》しい盲導犬《もうどうけん》を使《つか》いたい」という申《もう》し出《で》があったとき、加藤《かとう》さんは、涙《なみだ》がでるほどうれしかったそうです。

つらい思《おも》いをのりこえて、もういちど勇気《ゆうき》をだして、ワンちゃんを持《も》ちたいといってくださる熊澤《くまざわ》さんの気持《きも》ち……。

「ありがたいことだ」

加藤《かとう》さんは、熊澤《くまざわ》さんに勇気《ゆうき》づけられました。

「盲導犬《もうどうけん》の訓練士《くんれんし》をつづけていてほんとうによかった」

加藤《かとう》さんは、熊澤《くまざわ》さんの気持《きも》ちを大切《たいせつ》にしながら、心《こころ》をこめてドーリーという名前《なまえ》の黒《くろ》いラブラドール犬《けん》を訓練《くんれん》したのです。


ドーリーは、つやつやとした真《ま》っ黒《くろ》な毛並《けな》みの、元気《げんき》いっぱいな盲導犬《もうどうけん》です。サフィーとまた違《ちが》った個性《こせい》のある、人間《にんげん》が大好《だいす》きで、陽気《ようき》なワンちゃんです。

ドーリーとの共同訓練《きょうどうくんれん》は、熊澤《くまざわ》さんが盲導犬《もうどうけん》のあつかい方《かた》になれていたために、わずか二週間《しゅうかん》で終《お》えることができました。

家《いえ》にもどってきた熊澤《くまざわ》さんに、ふたたび、よろこびの日々《ひび》がおとずれました。

ドーリーを連《つ》れて、超特急《ちょうとっきゅう》のバスに乗《の》って遠《とお》くまで行《い》くことができるようになりました。

17 教《おし》え子《ご》を連《つ》れて

二〇〇八年《ねん》十一月末《がつすえ》、林宗弘先生《はやしむねひろせんせい》は愛車《あいしゃ》のハンドルを駆《く》って、東名高速《とうめいこうそく》を豊田《とよた》から吉田《よしだ》インターめがけて走《はし》らせていました。

車《くるま》に乗《の》っているのは、かつて盲導犬《もうどうけん》を贈呈《ぞうてい》したボランティアクラブ員《いん》たち四名《めい》と、林先生《はやしせんせい》の奥《おく》さまです。十年《ねん》のあいだに児童《じどう》たちは、大《おお》きく成長《せいちょう》していました。

贈呈式《ぞうていしき》のときに作文《さくぶん》を読んだ下中美香《しもなかみか》さんは、大学《だいがく》四年生《ねんせい》で、社会福祉士《しゃかいふくしし》をめざして勉強中《べんきょうちゅう》です。

「レッツゴー・サフィー」のピアノ伴奏《ばんそう》をした川上愛可《かわかみあいか》さんは、結婚《けっこん》して、今《いま》は福島愛可《ふくしまあいか》さんになりました。

手話《しゅわ》をあつかったテレビ番組《ばんぐみ》「君《きみ》の手《て》が輝《かがや》いている」に感動《かんどう》してボランティア活動《かつどう》に参加《さんか》した愛可《あいか》さんは、主婦《しゅふ》になってからも、身近《みぢか》なボランティア活動《かつどう》に熱心《ねっしん》です。

ニュージーランドに留学中《りゅうがくちゅう》の中村紗弥《なかむらさや》さんも、休暇《きゅうか》でもどってきて、熊澤《くまざわ》さん宅訪問《たくほうもん》に参加《さんか》しました。

紗弥《さや》さんは「林先生《はやしせんせい》が担任《たんにん》になって人生《じんせい》が変《か》わった」と話《はな》します。

「それまでは何《なに》も考《かんが》えない子《こ》だったんです。目《め》の不自由《ふじゆう》な方《かた》たちとの交流《こうりゅう》から、ごはんを食《た》べられない子《こ》たちのことも考《かんが》えるようになりました。林先生《はやしせんせい》にならって教師《きょうし》の道《みち》をすすみたいです」

井上小学校《いのうえしょうがっこう》から、ひとりだけ参加《さんか》した田渕順《たぶちじゅん》さんは、アイリーといっしょに、給食用《きゅうしょくよう》のワゴンによじのぼった女《おんな》の子《こ》です。

田渕《たぶち》さんは、臨床心理士《りんしょうしんりし》の資格《しかく》を取《と》り、カウンセラーになりました。

「なぜって、いろいろな人《ひと》とかかわる人生《じんせい》ってすばらしいですから！」

熊澤《くまざわ》さんのお宅《たく》は、東名《とうめい》の吉田《よしだ》インターのすぐ近《ちか》くで、青々《あおあお》とした田《た》んぼや、畑《はたけ》のひろがる郊外《こうがい》にあります。

林先生《はやしせんせい》が運転《うんてん》する車《くるま》が、インターを降《お》りてまもなく、サフィーが事故死《じこし》したと思《おも》われる四つ角《かど》が見《み》えました。

「たぶん、ここだ。サフィーと熊澤《くまざわ》さんがはねられた横断歩道《おうだんほどう》は……」

「こんなのどかなところで、事故《じこ》が起《お》こったとは」

みんな言葉《ことば》もありませんでした。

熊澤《くまざわ》さんを事前《じぜん》に訪《たず》ねて、あたりの状況《じょうきょう》をつかんでいた林先生《はやしせんせい》でしたが、事故現場《じこげんば》を目《め》にすると、また新《あら》たな感情《かんじょう》がわきあがってきます。

しばらく車《くるま》を止《と》めて、黙《もく》とうしました。

「こうなるまでにも、いろいろあったなあ……」

林先生《はやしせんせい》の胸《むね》に、サフィーを贈《おく》ったころの思《おも》い出《で》が、じわじわとこみあげてきます。

「熊澤《くまざわ》さん、よろこんでくださるかなあ」

先生《せんせい》は、ゆっくりと車《くるま》を再《さい》スタートさせました。


「こんにちは！　とうとうやってきました」

六人《にん》が玄関《げんかん》に立《た》つと、熊澤《くまざわ》さんが迎《むか》えに出《で》て、まるで目《め》が見《み》える人《ひと》のように手《て》ぎわよく、応接間《おうせつま》に案内《あんない》してくださいました。

「どうぞ、どうぞ！　お入《はい》りください。うれしいですねえ。こうしてサフィーを贈《おく》ってくださったみなさんにお会《あ》いできるなんて、夢《ゆめ》みたいです。じつは、家内《かない》もお目《め》にかかれるのを、とても楽《たの》しみにしてたんですが、ちょっと……」

「えっ、奥《おく》さまはいらっしゃらないんですか？」

「じつは入院中《にゅういんちゅう》なんです。退院許可《たいいんきょか》がおりなくて……」

「えっ、ご入院《にゅういん》？　それはご心配《しんぱい》ですね」

奥《おく》さんの瑛子《えいこ》さんは、血圧《けつあつ》が高《たか》くて倒《たお》れられ、入院《にゅういん》され、今《いま》はリハビリ中《ちゅう》ということでした。

奥《おく》のほうから犬《いぬ》の鳴《な》き声《ごえ》がします。

板《いた》の間《ま》に犬舎《けんしゃ》があって、真《ま》っ黒《くろ》なワンちゃんが「あけて！　あけて！」と、さわいでいます。

「あっ、二頭目《とうめ》の盲導犬《もうどうけん》ですね」

「ドーリーちゃんです。人《ひと》なつこい子《こ》で、あばれんぼうです」

熊澤《くまざわ》さんは、くすっと肩《かた》をすくめます。

「ドーリー。ちょっと待《ま》ってね。話《はなし》がおわったら紹介《しょうかい》するからね」

みんなに、いすをすすめながら熊澤《くまざわ》さんは、

「サフィーが亡《な》くなって一年間《ねんかん》、この子《こ》がくるまで、ほんとうにつらかったです。ドーリーがきてくれて救《すく》われました。ありがたいことです」

熊澤《くまざわ》さんは、当時《とうじ》を思《おも》い出《だ》して、静《しず》かに話《はな》しはじめます。

「そういえば……、十歳《さい》ぐらいのころでしょうかねえ」

「えっ、サフィーですか?」

と、林先生《はやしせんせい》がびっくり顔《がお》。

「いえ、そのう、このおじょうさんたち」

「ああ、この子《こ》たちのことですか。そう、ボランティア活動《かつどう》をしていたのは十年《ねん》まえになります。いまはもう、四年生《ねんせい》だった子《こ》も、二十歳《はたち》になりました。この子《こ》は社会福祉士《しゃかいふくしし》。この子《こ》たちは教師《きょうし》とカウンセラーになる道《みち》。この子《こ》は早《はや》く

も結婚《けっこん》しました。はたちで結婚《けっこん》すると宣言《せんげん》していたんですが、一年《ねん》おくれました。ね、愛可《あいか》さん」

「はい。おくれました」

すなおに答《こた》える愛可《あいか》さんに、熊澤《くまざわ》さんのほおもゆるみます。

「ほう……、みなさん、成長《せいちょう》されたものですねえ。サフィーも生《い》きていれば十歳《さい》ですね」

林先生《はやしせんせい》は、ゆっくりとうなずきます。

「考《かんが》えてみると、サフィーの死《し》から、もう三年《ねん》もたつんですね。古家《ふるいえ》さんとの縁《えん》から、こうして熊澤《くまざわ》さんにもお会《あ》いすることができました」

「古家《ふるいえ》さんとは、いろいろな会《かい》で知《し》り合《あ》って交流《こうりゅう》してますよ。古家《ふるいえ》さんは大学生《だいがくせい》のときに、交通事故《こうつうじこ》で失明《しつめい》されたんです。あの方《かた》のワンちゃんは、黒のラブラドールで……」

「ええ、真《ま》っ黒《くろ》なラブラドールです。古家《ふるいえ》さんのお宅《たく》に伺《うかが》うと、飛《と》んでくるんですよ」

「かわいいですね。盲導犬《もうどうけん》も、ハーネスをつけていないときは、ふつうの犬《いぬ》ですからねえ」

「ええ、あんなにかわいがられているのをみると救《すく》われますね。わたしは今《いま》、上鷹見小学校《かみたきみしょうがっこう》という全校児童《ぜんこうじどう》が五十四名《めい》の小《ちい》さな学校《がっこう》で教《おし》えているんですが、この学校《がっこう》で、リリーという子犬《こいぬ》を贈《おく》ったときの贈呈式《ぞうていしき》に、古家《ふるいえ》さんにきていただいたんですよ」

「そうでしたか！　こうしてみると、はじめてみなさんにお会《あ》いしたのに、いろいろなご縁《えん》があることに驚《おどろ》かされますね」

「ぐうぜんですね。ふしぎな気持《きも》ちになります。この子《こ》たちとかかわった犬《いぬ》が、家族《かぞく》の一員《いちいん》として大事《だいじ》にされて、惜《お》しまれながら亡《な》くなった……。熊澤《くまざわ》さん、きょうお会《あ》いできてやっと気《き》が休《やす》まりました。熊澤《くまざわ》さんのもとでサフィーは幸《しあわ》せにすごしたんですね」

林先生《はやしせんせい》は、感動《かんどう》を抑《おさ》えきれないといったようすでつづけます。

「おかげで、ひさしぶりに教《おし》え子《ご》たちとも再会《さいかい》できました。ふつうは、小学校《しょうがっこう》の先生《せんせい》なんて、忘《わす》れられるものです。名前《なまえ》なんだったかな？　ぐらいで。でも、盲導犬《もうどうけん》を介《かい》して今回《こんかい》、教《おし》え子《ご》たちにも会《あ》えました。サフィーのおかげです」

「そうですね、そうですね」

熊澤《くまざわ》さんは、おだやかな表情《ひょうじょう》でしきりにうなずいています。

18　盲導犬《もうどうけん》けっさくソング

林先生《はやしせんせい》は、大《おお》きい茶封筒《ちゃぶうとう》から写真《しゃしん》をとり出《だ》して、熊澤《くまざわ》さんに説明《せつめい》しはじめました。

「じつは、奥《おく》さまに解説《かいせつ》していただこうと、いろいろ持《も》ってきたんですが……。今《いま》ひろげているのは、サフィーの贈呈式《ぞうていしき》のときの写真《しゃしん》です」

「サフィーがうつっているんですね」

「ええ。贈呈式《ぞうていしき》のときにサフィーをだっこして、協会《きょうかい》の方《かた》にわたしているところです」

「そうですか。サフィーなんですねえ……」

「それから、こちらは、井上小学校《いのうえしょうがっこう》の創立《そうりつ》二十周年《しゅうねん》記念《きねん》のときの写真《しゃしん》なんですよ。井上小学校《いのうえしょうがっこう》は、〝盲導犬《もうどうけん》の学校《がっこう》〟ということで有名《ゆうめい》になったんです。これが初《はじ》めて贈《おく》ったアイリー。それからクレールとルースというように、毎年《まいとし》二頭《とう》ずつ贈《おく》っていたんです。わたしは五年目《ねんめ》に中学校《ちゅうがっこう》に転勤《てんきん》になったんですが、子《こ》犬《いぬ》を贈《おく》る活動《かつどう》はその後《ご》も続《つづ》いています」

熊澤《くまざわ》さんは、耳《みみ》をかたむけて、くいいるように聞《き》いています。

「贈《おく》った子犬《こいぬ》に会《あ》いたくて、盲導犬《もうどうけん》のユーザーさんのお宅《たく》に、夏休《なつやす》みを利用《りよう》して子《こ》どもたちといっしょに訪《たず》ねていったこともあるんですよ。サフィーの場合《ばあい》、熊澤《くまざわ》さんがユーザーになってらしたことは、事故《じこ》と訴訟《そしょう》のニュースで、はじめてわかったんです。学校《がっこう》の場合《ばあい》、贈《おく》り主《ぬし》が子《こ》どもたちですから、あとの状況《じょうきょう》を教《おし》えてやれると励《はげ》みにもなるんですが……」

「そうでしたか。協会側《きょうかいがわ》には、プライバシーの保護《ほご》とか、むずかしい問題《もんだい》もあるんでしょうね。それに、盲導犬《もうどうけん》の訓練《くんれん》をしても、盲導犬《もうどうけん》になれない犬《いぬ》もあるので、子《こ》どもたちをがっかりさせたくない、という考《かんが》えもあるのかもしれませんね」

熊澤《くまざわ》さんが思《おも》いついたような声《こえ》で話《はなし》を変《か》えます。

「ところで、ぼくは、サフィーのパピーさんにお会《あ》いしましたよ」

井上小学校《いのうえしょうがっこう》グラウンドのみごとな「人絵文字《ひとえもじ》」盲導犬《もうどうけん》と子《こ》ども

「ほお、そうですか！　いつごろですか？」

「事故《じこ》にあう半年《はんとし》ぐらい前《まえ》です。アメリカから一時帰国《いちじきこく》をされるということで、どうしてもサフィーを見《み》ていただきたくなって、南野《みなみの》さんにメールをおくったんです」

「そうでしたか。南野《みなみの》さん、よろこばれたでしょうね。で、再会《さいかい》したときサフィー、どんな感《かん》じでした？」

「それがね、申《もう》し訳《わけ》ないことに、サフィーは南野《みなみの》さんをすっかり忘《わす》れてまして。ふふふ、こっちにはよかったけど」

熊澤《くまざわ》さんの、なんともいえない表情《ひょうじょう》に、みんなは思《おも》わずふきだしてしまいました。

林先生《はやしせんせい》がたずねました。

「ところで熊澤《くまざわ》さん。サフィーは、盲導犬協会《もうどうけんきょうかい》で訓練《くんれん》に入《はい》ってから、どのぐらいで卒業《そつぎょう》できたんですか？」

「サフィーは早《はや》かったですよ。生《う》まれて一年《ねん》八か月《げつ》で盲導犬《もうどうけん》になれたんです。サフィーの兄弟《きょうだい》はみなそうです。サフィーは、ほんとうにかしこい犬《いぬ》でした。なんでもわかる利口《りこう》な犬《いぬ》でした。行儀《ぎょうぎ》もよかったし、いうことはなんでもきいてくれた。体《からだ》は小《ちい》さかったが、やることは大《おお》きかった。サフィーは、ほんとにりっぱな犬《いぬ》でしたねえ」

とたんに、ハウスの中《なか》にいるドーリーが、

(わたしはどうなのよ！)

というように、柵《さく》をがりがりとひっかきました。

「あ、きこえちゃった。はいはい。ドーリーも、りっぱりっぱ。ドーリーちゃんもお利口《りこう》さん。性格《せいかく》がちがうんです」

熊澤《くまざわ》さんは、つづけます。

「たとえば、ボールをころがすと、サフィーはよろこんで追《お》いかけていきます。でも途中《とちゅう》で「はい。ストップ！」と号令《ごうれい》をかけると、ボールをそのままにしてちゃんと帰《かえ》ってくるんです。ほんとにサフィーはすごかった。でも、この子《こ》はだめよ、ボールからはなれられない」

熊澤《くまざわ》さんのユーモアに、みんながどっと笑《わら》います。

ドーリーは、なにごとかな？　というように、じっと耳《みみ》をすませています。

林先生《はやしせんせい》は、ひと息《いき》ついて、

「熊澤《くまざわ》さん。きょうは『サフィーの歌《うた》』を熊澤《くまざわ》さんに聞《き》いていただきたいと思《おも》って、みんなで練習《れんしゅう》してきたんですよ。あ、その前《まえ》に順番《じゅんばん》として、まず井上《いのうえ》小学校《しょうがっこう》のアイリーの歌《うた》からかな？　では……」

言《い》ったとたんに林先生《はやしせんせい》は立《た》ち上《あ》がり、よくひびく声《こえ》で、アイリーの歌《うた》を歌《うた》いはじめました。

井上小学校出身《いのうえしょうがっこうしゅっしん》の田渕《たぶち》さんがいっしょにあわせます。

♪　きみのなまえは　アーイリー
ずーっとずーっと　ともーだちー
いちえんだまや　あきかんにーもー
ゆめー　ふくらーむー
いのることばは　ただひとーつ
アイリー　アイリー　ゆめとなって
アイリー　アイリー　かがやきつづこう

「いい歌《うた》ですね。それ、林先生《はやしせんせい》が作詞《さくし》されたんですか？」
「あっ、作曲《さっきょく》もです」

林先生《はやしせんせい》はぺこりと頭《あたま》をさげました。

「ほおー。贈《おく》った犬《いぬ》にひとりずつ、というか一頭《とう》ずつ、歌《うた》があるんですか？」

「そうなんです。全部《ぜんぶ》あるんです。オリジナルCD《シーディー》を作《つく》ろうと思《おも》ってがんばったんですが。あ、田渕《たぶち》さん『クレールとルース』の歌《うた》おぼえてる？」

「えっ？」

いきなり聞《き》かれて田渕《たぶち》さんは、大《おお》あわてです。

「ええっと、なんだっけ？『♪　クレール&《アンド》ルース！　クレール&《アンド》ルース。明《あか》るいひかり……』ああっと、これだけしか覚《おぼ》えてなあーい！」

みんながどっと笑《わら》いころげます。

熊澤《くまざわ》さんも、いっしょになって笑《わら》っています。

ドーリーが、また、さわぎだしました。

と、そのときでした。

またもや林先生《はやしせんせい》が立《た》ち上《あ》がったのです。

「じゃあ、もうひとつ『リーブとシェリー』の歌《うた》を歌《うた》いましょう。ちゃんとおぼえてますよ。これはサフィーを贈《おく》った次《つぎ》の年《とし》（二〇〇〇年《ねん》、平成《へいせい》十二年《ねん》）に二頭《とう》いちどに贈《おく》った子犬《こいぬ》たちの歌《たち》です。

♪　リーブ　きみがいれば　ゆうきがうまれる
シェリー　きみといると　げんきになれるのさ
だから　きみたちと　あるきたい
あのそらのむこう　ラララ
きみたちがいれば　どこへでもゆけるさ
リーブ　マイエンジェル
シェリー　マイドゥリーマー

みんなで　みつめているよ
ジャンプ　ジャンプ　ジャンプ
かぜになりたーいー

歌《うた》い終《お》わった林先生《はやしせんせい》は、てれたような顔《かお》になって、

「どうです？　これ、なかなか力作《りきさく》でしょう」

「おじょうずです。くくく……」

熊澤《くまざわ》さんは、笑《わら》いたいのをこらえています。

「では！」

林先生《はやしせんせい》は、やっとのことで、三人並《にんなら》んでソファにかけている、美香《みか》さんたちをうながしました。

「いよいよ本番《ほんばん》です。『サフィーの歌《うた》』をごひろうしましょう。前山小学校《まえやましょうがっこう》ボ

ランティアクラブの卒業生《そつぎょうせい》。福島愛可《ふくしまあいか》さん、下中美香《しもなかみか》さん、中村紗弥《なかむらさや》さんの三人《にん》が歌《うた》います。来《く》るとき、途中《とちゅう》でおひる食《た》べたんですが、歌《うた》える？ってきいたらダイジョブ、とのことだった、よね？」

とたんに、はじけるような笑《わら》いがおこりました。

いつもいつも、こうして、林先生《はやしせんせい》には笑《わら》わされたり、はげまされたりしながら、活動《かつどう》をつづけてきた前山小学校《まえやましょうがっこう》の教《おし》え子《ご》たちです。

♪ きみが　おしえてくれた　やさしさを
いま　たいせつに　おもうんだ
わすれないよ　つないだ　手《て》
わすれないで　ゆめみる　こころ
レッツゴー・サフィー　レッツゴー・サフィー

かがやく　みらいへ　すすむんだ

『レッツゴー・サフィー』の歌《うた》がはじまると、熊澤《くまざわ》さんは、静《しず》かに耳《みみ》を傾《かたむ》けました。

元気《げんき》な歌声《うたごえ》にサフィーの思《おも》い出《で》がかさなります。

こみあげる思《おも》いに胸《むね》を熱《あつ》くしながら、熊澤《くまざわ》さんは思《おも》いました。

（サフィー、聞《き》いてるかい？　お父《とう》さんはきょう、こうしてお前《まえ》の歌《うた》をはじめて聞《き》くことができた。うれしいよ、サフィー）

♪　きみが　ハーネスつけて　あるく日《ひ》を
ずっと　こころに　えがくんだ
なくさないよ　この　えがお

なくさないで　つぶらな　ひとみ
レッツゴー・サフィー　レッツゴー・サフィー
かがやく　みらいへ　すすむんだ

楽《たの》しい時間《じかん》はあっというまにすぎていき、そろそろ帰《かえ》る時間《じかん》です。

林先生《はやしせんせい》がカメラを持《も》ち出《だ》しました。

「では、このあたりで、ドーリーといっしょに記念撮影《きねんさつえい》といきますか！」

ハウスから出《だ》されたドーリーは、あっちにいったり、こっちにきたり、せわしなく歩《ある》きまわります。

熊澤《くまざわ》さんが、笑《わら》いながらハーネスをとってきました。

「盲導犬《もうどうけん》はね、ハーネスをつけると、仕事《しごと》の顔《かお》にかわるんですよ」

なるほど。ハーネスをつけたとたん、ドーリーは別人《べつじん》、いや、〝別犬《べついぬ》〟のように静《しず》かになりました。

みんなの真《ま》ん中《なか》に足《あし》をきちんとそろえて、人間《にんげん》にまけじとカメラをじっとみつめます。

でも、みんなのことが気《き》になってしかたがないようです。

みんなが一枚《まい》の写真《しゃしん》におさまって、いよいよさよならのときとなりました。

「それじゃ、ぼくたち、これから奥《おく》さまのお見舞《みま》いに病院《びょういん》によって帰《かえ》ります」

林先生《はやしせんせい》たちは車《くるま》に乗《の》り込《こ》みました。

「ほんとうに、きょうはうれしかったな。みなさんにお会《あ》いできてほんとによかった。ありがとうね」

熊澤《くまざわ》さんは車《くるま》にむかって手《て》をふって、ドーリーといっしょに見送《みおく》りました。

そわそわするドーリーと記念《きねん》写真《しゃしん》

＊　＊

サフィーは、二〇〇〇年《ねん》（平成《へいせい》十二年《ねん》）十月《がつ》に、熊澤《くまざわ》さんのところにやってきて、二〇〇五年《ねん》の九月《がつ》二十六日《にち》に天国《てんごく》に行《い》きました。

今《いま》は名古屋市《なごやし》南区《みなみく》にある長楽寺《ちょうらくじ》の慰霊碑《いれいひ》に、盲導犬《もうどうけん》サーブや、ほかの多《おお》くの盲導犬《もうどうけん》といっしょに、静《しず》かなねむりについています。

おわり

人《ひと》も動物《どうぶつ》も　―あとがきにかえて―

人間《にんげん》と動物《どうぶつ》とどっちがえらい？　と聞《き》かれたらそくざに動物《どうぶつ》と答《こた》えます。
人間《にんげん》は、動物《どうぶつ》がいなかったら、一日《にち》だって暮《く》らせません。
着《き》るもの、履《は》くもの、食《た》べるもの、楽《たの》しむものとして……。
すばらしい音色《ねいろ》のヴァイオリン・ストラディバリウスの弓《ゆみ》は、
白馬《はくば》のしっぽの毛《け》三〇〇本《ぽん》でつくられているそうです。
おいしいお肉《にく》は？　あたたかいセーターは？
小《ちい》さな体《からだ》にいっぱい荷物《にもつ》を乗《の》っけて運《はこ》ぶロバさんは？
動物園《どうぶつえん》で、みんなを楽《たの》しませてくれるライオンやカバやゾウさんは？
ラクダやキリンやチンパンジーは？
みんなみんな、人間《にんげん》のために犠牲《ぎせい》になってくれています。

犠牲《ぎせい》になってくれているということは、
守《まも》っていてくれているということと同《おな》じです。
動物《どうぶつ》がいなかったら人間《にんげん》は幸《しあわ》せに暮《く》らすことができませんが、
動物《どうぶつ》たちは、人間《にんげん》がいなくなっても生活《せいかつ》できます。
野生《やせい》にもどって自然《しぜん》のなかで暮《く》らしていくでしょう。
盲導犬《もうどうけん》として働《はたら》いていたサフィーは、事故《じこ》にあったときに、
熊澤《くまざわ》さんから逃《に》げずに、身《み》をていして天国《てんごく》にいきました。
でも、訓練《くんれん》をうけていない動物《どうぶつ》でも、人《ひと》を守《まも》った話《はなし》はたくさんあります。
北海道《ほっかいどう》の知床岬《しれとこみさき》に、番屋《ばんや》とよばれる漁師《りょうし》さんたちの作業場《さぎょうば》があります。
ユリばあちゃんは、たったひとりでそこに住《す》み、
浜《はま》に打《う》ち上《あ》げられるコンブを拾《ひろ》って暮《く》らしていました。
電気《でんき》も水道《すいどう》もない生活《せいかつ》です。裏山《うらやま》には凶暴《きょうぼう》なクマがいて、
ときどき現《あら》われては、ばあちゃんを怖《こわ》がらせていました。

このばあちゃんを守《まも》っているのが「ボク」と「シロ」という二頭《とう》の犬《いぬ》です。今《いま》、ばあちゃんが飼《か》っている「ボク」は二代目《だいめ》で、最初《さいしょ》の「ボク」は、ヒグマが出《で》たときに闘《たたか》い、いったんは追《お》いはらったものの、けっきょく、そのクマに首《くび》を噛《か》まれて死《し》んでしまったそうです。

ユリばあちゃんは、いつも犬《いぬ》たちに守《まも》られていると感《かん》じて、二代目《だいめ》の犬《いぬ》にも「ボク」という名前《なまえ》をつけました。

犬《いぬ》だけでなく、猫《ねこ》も人《ひと》を守《まも》ります。うち（作者《さくしゃ》）のタンゴは、まだ目《め》をあけたばかりのときに、拾《ひろ》ってきた捨《す》て猫《ねこ》です。

タンゴがきて一年《ねん》の後《のち》、孫《まご》のゆめこがうまれました。

ゆめこはおざしきで寝《ね》かされていましたが、気《き》がつくと、いつのまにかタンゴが、ふとんのそばにうずくまって、ゆめこを見守《みまも》っているのです。お守《も》りをしているとしか思《おも》えませんでした。

やがて、ゆめこがはいはいをするようになり、

おもしろがってタンゴの背中《せなか》のふわふわの毛《け》を、
小《ちい》さな手《て》いっぱいにむしりとっても、タンゴはけっして、
ゆめこにツメをたてたり、かみついたりすることはありませんでした。
動物《どうぶつ》はすごいですね。かわいいですね。
そして人間《にんげん》は、動物《どうぶつ》たちの頂点《ちょうてん》に立《た》つ、すばらしい生《い》き物《もの》です。
よわい立場《たちば》にある動物《どうぶつ》たちにやさしくしてあげて、
みんなが暮《く》らしやすい世《よ》の中《なか》をつくっていきたいですね。

※登場人物の一部には仮名もあります。

[著者] 井上夕香（いのうえ　ゆうか）

1975年「ハムスター物語」（毎日児童小説新人賞）でデビュー。主な著作に「魔女の子モッチ」（学研／小川未明文学賞優秀賞／中国で外国青少年文学名作全集訳載）、「星空のシロ」（国土社／けんぶち絵本の里びばからす賞）、「実験犬シロのねがい」「老犬クー太命あるかぎり」（ハート出版）、「ばっちゃん」（小学館）、「み〜んなそろって学校へ行きたい！」（晶文社）、「わたし、獣医になります！」（ポプラ社）、「空飛ぶ車いす」（素朴社）ほか、大人向けとして「魔法のファンタジー」（評論集／共著・てらいんく）、「イスラーム魅惑の国・ヨルダン」（梨の木舎）。

●ご協力いただいた方々
林宗弘／熊澤尚／熊澤瑛子／加藤浩司／南部裕／南部佳代子／川上愛可／下中美香／田渕順／中村紗弥／三輪恵理奈／坂本佳織／永田結香／中日新聞／ＮＨＫ・佐藤仁志／中部盲導犬協会

レッツゴー・サフィー

平成21年6月29日　第1刷発行

著　者　井上夕香
発行者　日高裕明
発　行　株式会社ハート出版

〒171-0014　東京都豊島区池袋3-9-23
TEL.03-3590-6077　FAX.03-3590-6078

編　集　佐々木照美
印刷・製本　中央精版印刷株式会社

ISBN978-4-89295-649-2 C8093　　定価はカバーに表示してあります